集人文社科之思 刊专业学术之声

刊　　名：网络法学研究
主办单位：中国政法大学网络法学研究院
主　　编：王立梅

RESEARCH ON CYBERLAW 2018

2018年卷　（总第1期）

集刊序列号：PIJ-2018-289
中国集刊网：http://www.jikan.com.cn/
集刊投约稿平台：http://iedol.ssap.com.cn/

RESEARCH ON CYBERLAW

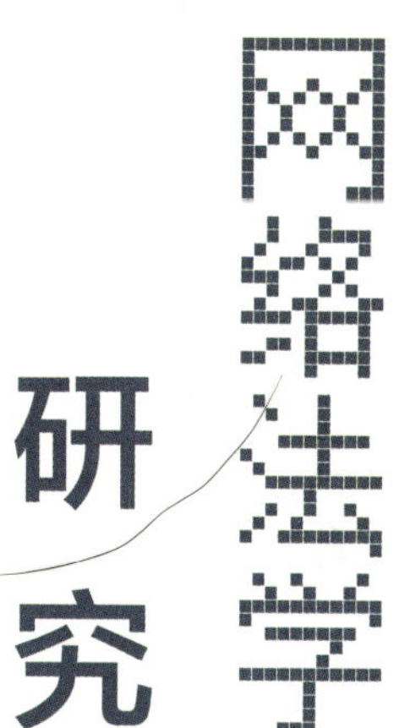

王立梅●主编

社会科学文献出版社
SOCIAL SCIENCES ACADEMIC PRESS (CHINA)

《网络法学研究》辑刊发刊词

信息和网络技术是人类有史以来最具颠覆性和解构性的力量，它正在深入人类社会的每一个细胞，深入人类生产生活的骨髓，对人类社会进行“削骨挫皮”般的重塑。互联网作为信息传播的媒介，即时、互动、全球覆盖、全天融入，是传播媒介的一场革命。信息产业已经成为经济的重要组成部分，并且成为全球化趋势中特别令人瞩目的一个领域。在这个时代背景下，网络成为生产力的新形式，编码化的信息和知识替代资本和能源成为整个社会的核心资源。网络是新经济形式和经济生产与交换过程中管理、运作、沟通、就业的新组织模式、社会结构和技术力量。社会生活是彼此联系的人们作为主体的共同生活。网络改变了人们的通信方式，也因此改变了人们的生活方式，并因此影响社会结构。席卷全球的信息和网络技术是一场信息革命、产业革命、生活革命、社会组织结构革命，因而必然也会带来法律和制度的革命。丰富万千的社会生活就如同一把刻刀，不断在法律的岩石上雕刻着自己的倒影。但是网络发展的快节奏、高速率正在加速对传统法律的侵蚀与风化，信息革命给传统法律规则带来的凶猛无比的冲击，使产生于农业社会、成熟和完备于工业社会的传统法律理念、制度、技术、规则等面临全方位挑战。这固然是传统法学的危机，然而也正是网络法学这一新兴学科的希望。

当前，即使是最保守的研究者，恐怕也无法否认网络法学的独立化存在，至少网络法学作为一个学科命题已经受到广泛的接受和认可；然而，即使是最激进的研究者，恐怕也无法否认网络法学的学科内涵的相对空洞与干瘪，“马法非法”的争论就是源于此种认识。就网络法学产生的时间而言，这也并非不堪的事情。但是，网络介入社会生产生活的各个领域，进而塑造一种全新的法律关系来代替传统的法律关系，因此推动越来越多的关于某种生产生活关系的新的立法的产生，也是一种无可否定的客观事实。所谓“有一代之政教风尚，则有一代之学术思想”，网络法学的发展，一则需要不断产出具有智力容量的学术方案和具有创造力的学术思想，为信息化时代的法治实践提供真知灼见；二则需要不断探索独立性的学科体系和学术体系，在荒漠上建设网络法学的美好家园；三则需要薪火相传、弦歌不断，培养和造就学术新人，孕育英才辈出。由学术到学科，再到学人。以上三点，也正是《网络法学研究》集刊创办的初心。我们希望，与国内有志于进行网络法学研究的同道一起，无论你来自理论界、实务界抑或产业界，都能够开诚布公，探讨法律真谛、展开学术争鸣，逐步形成学术共同体、学科共同体、学人共同体。我们不敢有“一流学者尽入彀中”的野望，但也扫榻相迎，做好了“花径不曾缘客扫，蓬门今日为君开”的充分准备。

当前学界期刊、集刊林立，豪门云集。《网络法学研究》集刊创立，如同悬崖峭壁长出一株绿草，是学术界最寻常无奇之事，然而对它的创立者而言，已经做好了百年生聚，去守候、呵护这片小小的精神家园的准备。

于志刚

2018 年 11 月 30 日

网络法学研究
Research on Cyberlaw
2018 年卷
2018 年 12 月出版

青年论坛

专家教室

《网络法学研究》2018 年卷
第 3～24 页

刑法对网络犯罪类型化的回应思路与学术贡献*

于志刚**

摘　要： 从工具性的网络到空间性的网络，再到社会性的网络，网络的迭代更新不断塑造网络犯罪的类型特征。在长期的司法实践与立法摸索的过程中，中国刑法逐步形成了应对网络犯罪的清晰化回应思路。在宏观层面，以“共犯行为正犯化”“预备行为实行化”“平台责任”为核心，且三者具有内在的逻辑关联。在微观层面，则是将公民个人信息犯罪作为惩处的重点，而本罪同样是网络犯罪类型特征在具体个罪的投射。回顾和反思中国对于网络犯罪治理的立法回应思路、学术价值及其理论贡献，有助于中国刑法强化自身的实践自觉，推动网络刑法的逻辑体系和话语体系的成熟。

关键词： 网络犯罪　立法样本　刑事政策　话语体系　理论贡献

从 1997 年刑法仅有三个条文（第 285～287 条）、两个罪名与网络犯罪相关，到 2000 年全国人大常委会出台《关于维护互联网安全的决定》，再到《中华人民共和国刑法修正案（七）》开始增设新的网络犯罪罪名，直至 2015 年 11 月 1 日生效实施的《中华人民共和国刑法修正案（九）》

* 本文系 2017 年度国家社会科学基金重大项目“建立犯罪记录制度的理论基础与制度设计研究”（项目号 17ZDA132）的阶段性成果。

** 于志刚，教育部长江学者特聘教授，中国政法大学教授。

(以下简称《刑法修正案（九)》）将网络犯罪立法作为其立法的重头戏之一，再加上不断增多的司法解释，经过了将近二十年的摸索，中国刑法在制裁网络犯罪的长期实践中，形成一套思路逐步清晰、模式渐次固定的反击手段。在此背景下，系统总结中国刑法的阶段性成果和全面梳理中国的理论贡献，有助于更加清晰地明确网络刑法未来的发展方向与学者应有的理论贡献。

一 理论前提：网络犯罪演变的时代背景以及网络犯罪的类型规律

一个人的行为或许是个体自由意志的选择，而众多个体的行为则往往不自觉地显示某种规律性，这种规律如同自然界的定理，对它们的认识与观察可以成为我们解读事物本质的密码。网络进入中国 20 多年来，中国网络犯罪的演变与网络的代际差异具有高度的契合性，在此过程中，网络犯罪逐步定型化，而对网络犯罪定型化的认识不但是网络犯罪刑事立法的逻辑原点，目前也成为刑法理论界广被接受的理论共识，是解读网络犯罪规律性变化的密码。

（一）从网络工具到网络空间再到网络社会：解读网络犯罪更迭的技术密码

20 多年来，中国的互联网不但完成了从网络 1.0 到网络 2.0 的代际转型，近年来更是进入以移动互联网和三网融合为代表的新阶段。网络 1.0 时代的网络具有更强的工具属性，网络主要充当信息媒介功能，是传统信息传播手段的有益替代和补充。网络在 1.0 时代具有明显的中心节点，大型门户网站和计算机信息系统不但承载着网络的主要利益，也是犯罪的直接侵害对象。之前的“前网络时代”，没有网络犯罪，只有计算机犯罪与刑法应对的问题，只是由于计算机软件的出现引发刑法保护的探索。但是，当互联网生成、演变后，网络犯罪也随之生成和演变。在互联网实现由单纯的

“信息媒介”向“生活平台”的过渡之后，[①] 也就是网络从 1.0 时代过渡到 2.0 时代，乃至移动互联网时代之后，网络的工具属性不但没有弱化，反而大大加强，然而，网络的社会属性快速提升成为网络的压倒性特征，进而形塑着网络犯罪的变化趋势。

网络社会属性的表现是网络的深度社会化，包括量上的社会化和质上的社会化；而网络空间化的法律本质就是社会关系在整体上向网络迁移，因为物理维度并非网络空间与现实空间的本质差异，网络社会关系是新的社会关系网络。[②] 网络空间是与传统空间并列的现实空间，现实空间早已不再仅仅指传统物理空间，而是由海、陆、空、天拓展到了网络这一“第五空间”。网络不再是个人的田园牧歌，网络行为也不再是个人在辽寂原野上的肆意撒野，它将产生实实在在的社会意义。在 10 余年前，中国刑法学界广泛适用的“虚拟犯罪”，是一个来自英语国家的词汇，然而今天这一词汇已被中国刑法学界弃用，它无法满足我们对于网络犯罪本质特征的认识。“网络空间具有虚拟化的特点，在网络空间中发生的犯罪，多数情况只是传统犯罪的计算机化或者说网络化，其本身并不具备虚拟性。但是，伴随着计算机技术的迅猛发展和技术扭曲使用程度的加剧，带有纯粹性的犯罪开始出现。对于纯粹的虚拟犯罪加以前瞻性研究，填补目前的刑法真空和理论真空，是当务之急。”[③] 网络空间不是现实空间的附属物，更不是现实空间的游离物，而是与现实空间相对独立却又同声共气的人类活动场域。

（二）网络三次迭代背景下的网络犯罪三种类型

中国 1997 年刑法的计算机犯罪条款虽然通过理论解释可以适用于网络时代，但是，它对应的假想敌则是计算机犯罪。从网络 1.0 到移动互联网时代，以网络在网络犯罪中的地位为视角，网络犯罪的发展先后出现了三种

① 于志刚：《网络犯罪与中国刑法应对》，载《中国社会科学》2010 年第 3 期。

② 于志刚：《网络“空间化”的时代演变与刑法对策》，载《法学评论》2015 年第 2 期。

③ 于志刚：《虚拟犯罪的出现及其内涵和范畴（上）》，载《贵州民族学院学报》（哲学社会科学版）2003 年第 6 期。

基本类型。(1) 网络作为“犯罪对象”的网络犯罪。1997 年刑法第 286 条第一款规定:“违反国家规定，对计算机信息系统功能进行删除、修改、增加、干扰，造成计算机信息系统不能正常运行，后果严重的，处五年以下有期徒刑或者拘役；后果特别严重的，处五年以上有期徒刑。”本条罪名即破坏计算机信息系统罪，从定位上看，计算机信息系统作为网络的组成部分，在本罪中是作为犯罪的对象予以保护的。(2) 网络作为“犯罪工具”的网络犯罪。在网络 2.0 时代，个人成为网络的积极参与者，同时网络也开始累积大量个人利益，例如网络游戏、密码账号等。对于犯罪者来说，个人利益的价值远比坚固设防的计算机信息系统更加诱人，也更易攫取，因而犯罪的触角迅速转变，开始由侵犯网络本身转向侵犯网络中的利益。网络在网络犯罪中的地位，开始以一种犯罪工具的面目存在，例如，利用网络窃取公民的个人信息或者账号、密码等。这直接导致两个后果，一是网络犯罪平民化时代的到来，几乎所有的传统犯罪都可以在网络中再现；二是网络空间与现实空间的界限开始模糊，网络法益的独立性被贬损。(3) 网络作为“犯罪空间”的网络犯罪。网络作为犯罪空间，前提是网络可以视为一种空间，在网络深度社会化的背景下，这一点不成为问题。网络作为一个犯罪空间，开始出现了一些完全不同于第二种类型的犯罪现象，它成为一些变异后的犯罪行为的独有温床和土壤，一些犯罪行为离开了网络要么根本就无法生存，要么根本就不可能爆发出令人关注的危害性，[①] 例如网络谣言犯罪等。网络作为犯罪空间，意味着网络空间的秩序价值受到格外关注。对于网络秩序型犯罪的归罪模式，是当前中国刑法不同于国外刑法的重大差异。上述网络犯罪的三个类型，是中国刑法学界对于网络犯罪特征的理论总结，当前这三种类型的犯罪在网络空间中并存，中国刑事立法对网络犯罪的治理，就是围绕这三种类型的网络犯罪展开的。

① 于志刚:《“双层社会”中传统刑法的适用空间——以“两高”〈网络诽谤解释〉的发布为背景》，载《法学》2013 年第 10 期。

（三）刑法对网络犯罪的反击历程：宏观层面与微观层面的双轨制回应思路

1997 年刑法奠定了制裁计算机犯罪以及后来的网络犯罪的最初的规范体系，但是在此之后的很长一段时间内，无论是刑法理论界还是司法实务界，都没有对网络犯罪予以足够重视。反映到刑事立法层面，2009 年 2 月 28 日全国人大常委会通过的《中华人民共和国刑法修正案（七）》（以下简称《刑法修正案（七）》）开始对于刑法的网络犯罪条款进行修正，但是，此时距离 1997 年刑法颁布已经过去了 12 年。值得欣慰的是，在前期司法实践探索的基础上，《刑法修正案（九）》对于网络犯罪条款进行了大规模的修订和增补。条文数量的增多倒在其次，通过《刑法修正案（九）》的相关条款，可以看出刑法对于网络犯罪已经形成了清晰而明确的治理思路，即一种“3 +1”的治理模式。在宏观层面，刑事立法通过“共犯行为正犯化”“预备行为实行化”“网络服务提供者的平台责任”三种责任模式，实现对于网络犯罪的精准打击，力求实现罪责统一和责刑适应；在微观层面则是对于公民个人信息犯罪的特别观照，而它同样是共犯行为正犯化在网络犯罪具体领域的延伸。

二　基于三种责任模式的刑法宏观反击思路

“共犯行为正犯化”“预备行为实行化”“网络服务提供者的平台责任”的共同之处在于，都是刑法为解决网络帮助行为的危害性过大的事实而采取的立法反击措施，但是，在解决的具体路径和侧重点上又有内在差异。

（一）三种责任模式的立法探索与成熟化

需要指出的是，“共犯行为正犯化”“预备行为实行化”和“网络服务提供者的平台责任”作为一种立法现象，它并非专属于网络犯罪。但是，中国刑法为解决网络犯罪的刑事责任而大规模、普遍地采用这三种责任类型，恐怕在世界立法例中也是不多见的。中国的实践探索足以作为一种经验样本而存在。

1. 模式之一：“共犯行为正犯化”思路

在中国刑法中，共同犯罪是指二人以上共同故意犯罪，对于帮助行为等共犯行为的处罚，必须要查明帮助行为与正犯行为（也就是实行行为）具有共同的犯罪故意或者共同的犯罪行为。帮助行为依照正犯行为触犯的罪名处罚。“共犯行为正犯化”追求的结果是，帮助行为不再依赖于正犯行为，也不需要查明它和正犯的意思联络和行为的因果性，只要存在相应的帮助行为，即可依照相关罪名处罚。可见，“共犯行为正犯化”追求的是共犯行为处罚的独立性。

对于网络共犯行为按照正犯处罚，首先来自司法解释的突破性探索。2010 年“两高”《关于办理利用互联网、移动通信终端、声讯台制作、复制、出版、贩卖、传播淫秽电子信息刑事案件具体应用法律若干问题的解释（二）》第 3 条规定：“利用互联网建立主要用于传播淫秽电子信息的群组，成员达三十人以上或者造成严重后果的，对建立者、管理者和主要传播者，依照刑法第三百六十四条第一款的规定，以传播淫秽物品罪定罪处罚。”第 4 条规定：“以牟利为目的，网站建立者、直接负责的管理者明知他人制作、复制、出版、贩卖、传播的是淫秽电子信息，允许或者放任他人在自己所有、管理的网站或者网页上发布，具有下列情形之一的，依照刑法第三百六十三条第一款的规定，以传播淫秽物品牟利罪定罪处罚：（一）数量或者数额达到第一条第二款第（一）项至第（六）项规定标准五倍以上的；（二）数量或者数额分别达到第一条第二款第（一）项至第（六）项两项以上标准二倍以上的；（三）造成严重后果的。”第五条规定：“网站建立者、直接负责的管理者明知他人制作、复制、出版、贩卖、传播的是淫秽电子信息，允许或者放任他人在自己所有、管理的网站或者网页上发布，具有下列情形之一的，依照刑法第三百六十四条第一款的规定，以传播淫秽物品罪定罪处罚：……”这一司法解释对于特定的传播淫秽物品行为的网络技术支持的提供者，直接作为传播淫秽物品罪、传播淫秽物品牟利罪的实行犯加以评价和制裁，不再考虑其所帮助的、实际在网络中传播淫秽物品的行为人是否构成犯罪的问题，不再以共犯来对相关的技术帮助行为进行定性评价，也就是说，在传播淫秽物品罪和传播淫秽物品牟利罪两个罪名中实现了帮助犯的正犯化。

前述司法解释虽然开辟了对网络帮助犯的新的处罚模式，但是它的局限性依然客观存在：（1）该解释只适用于网络传播淫秽物品行为的帮助行为，而对其他类型更为广泛的网络帮助行为，依然无法得到有效惩处；（2）共犯行为正犯化的司法实现路径与罪刑法定主义的紧张关系也是无法回避的问题。[①] 因此，中国刑法理论界对于“共犯行为正犯化”思路的质疑也是客观存在的。例如，有的学者担心，盲目扩大帮助行为正犯化的适用范围，从立法技术上看显得过于草率，不符合现代刑事法治发展的基本精神，[②] 有的学者认为，网络帮助行为的处罚难题可以通过解释论的方式予以解决。[③] 理论上存在争议很正常，学者的批判和反思精神是理论进步的动力，不过，立法者显然希望在司法实践的基础上推动网络帮助行为的正犯化立法。为此《刑法修正案（九）》第 29 条增设了刑法第 287 条之二：“明知他人利用信息网络实施犯罪，为其犯罪提供互联网接入、服务器托管、网络存储、通讯传输等技术支持，或者提供广告推广、支付结算等帮助，情节严重的，处三年以下有期徒刑或者拘役，并处或者单处罚金。单位犯前款罪的，对单位判处罚金，并对其直接负责的主管人员和其他直接责任人员，依照第一款的规定处罚。有前两款行为，同时构成其他犯罪的，依照处罚较重的规定定罪处罚。”本条罪名即为帮助信息网络犯罪活动罪。犯罪需要在一定的情境和条件中生存，在网络世界中，几乎所有的违法犯罪行为，都需要利用他人提供的互联网接入、服务器托管、网络存储、通信传输等技术支持，或者提供广告推广、支付结算等帮助，缺少这些帮助，

① 于志刚：《共犯行为正犯化的立法探索与理论梳理——以“帮助信息网络犯罪活动罪”立法定位为角度的分析》，载《法律科学》（西北政法大学学报）2017 年第 3 期。

② 刘艳红：《网络犯罪帮助行为正犯化之批判》，载《法商研究》2016 年第 3 期。

③ 张明楷：《网络时代的刑事立法》，载《法律科学》（西北政法大学学报）2017 年第 3 期。

网络正犯行为要么难以实施，要么实施过程中难以为继，要么实施完毕后无法支配利益所得，即使犯罪行为能够顺利实施下去，它爆发出的社会危害性也不如预期大。可以说，在网络环境中，网络帮助行为对正犯行为的实施起到了关键性的作用。网络帮助行为危害性的激增，导致它已不适合在共同犯罪的框架下予以评价，依照正犯独立化评价是刑法的最好出路。

2. 模式之二："预备行为实行化"思路

预备行为实行化是将原本是其他犯罪的预备行为按照实行行为予以处罚。预备行为的实行化具有两个效果：一是对于预备行为处罚的独立化，这一点与帮助行为的正犯化是一致的，二是刑法打击时点的前置。刑法第22条规定："为了犯罪，准备工具、制造条件的，是犯罪预备。"从法条规定来看，中国刑法对于预备犯采取了普遍处罚原则，即对于所有犯罪的预备行为都予以处罚。然而这只是立法者的一厢情愿，预备行为没有对于法益造成直接的威胁，预备行为的证明难度显著大于实行行为，因而司法实践奉行对于预备犯的普遍不处罚。但是，司法实践对于预备行为的懒惰惯性，也有可能造成刑法无法及时处置法益危害极大的犯罪行为的不利后果。特别是在社会不安全感加重的社会背景下，预防性犯罪化的巨大作用和价值开始受到重视，对于恐怖主义犯罪、重大网络犯罪等具有高危害特质的犯罪行为，刑法进行预先性防御的必要性激增。在立法的普遍处罚主义和司法的普遍不处罚主义的鸿沟面前，将部分危险性较高的"预备行为"法定化为"实行行为"，不失为一种可行做法。

在网络犯罪领域，预备行为实行化其实是一种早已采用的做法。以1997年刑法规定的侵犯计算机信息系统罪为例，从法理上讲，非法侵入计算机信息系统的行为应当是一种侵犯各种国家事务秘密、国防秘密和尖端科学技术秘密的犯罪预备行为，但是，由于此类预备行为所涉及的犯罪性质严重，一旦进一步实施或者实施完毕，它的危害性将变得极为严重，或者它的危害后果可能是难以预测、无法评估和难以挽回的。同时，此类犯罪即使实施完毕也不一定产生，或者说不一定立即产生可以具体确定的实际危害结果，而且也不一定能够被最终发现、查证。考虑到这类犯罪严重的社会危害性及其犯罪行为的特殊性质，刑法将这种实质上的犯罪预备行为法定提前化，也即把这些预备性质的犯罪行为提升为具体犯罪的犯罪构成中的实行行为，以严厉打击此类犯罪。[①]《刑法修正案（七）》增设了提供侵入、非法控制计算机信息系统的程序、工具罪，这一罪名包括两种行为，一是提供专门用于侵入、非法控制计算机信息系统的程序、工具的行为，二是明知他人实施侵入、非法控制计算机信息系统的违法犯罪行为而为其提供程序、工具的行为。在立法定位上，前者属于典型的犯罪预备的"准备工具、制造条件"，后者有可能属于犯罪预备中的"准备工具、制造条件"，也有可能属于一种犯罪帮助行为，也就是说，这一条文，可能具有"共犯行为的正犯化"和"预备行为的实行化"的双重制裁效果。应该说，基于网络空间中大量侵入、非法控制网络系统的行为都源自各种黑客工具的泛滥，对于提供此类犯罪工具者予以独立的惩处，有利于从源头遏制各类非法侵入、控制行为。

《刑法修正案（九）》增设的非法利用信息网络罪是预备行为实行化的最新立法例："利用信息网络实施下列行为之一，情节严重的，处三年以下有期徒刑或者拘役，并处或者单处罚金：（一）设立用于实施诈骗、传授犯罪方法、制作或者销售违禁物品、管制物品等违法犯罪活动的网站、通讯群组的；（二）发布有关制作或者销售毒品、枪支、淫秽物品等违禁物品、管制物品或者其他违法犯罪信息的；（三）为实施诈骗等违法犯罪活动发布信息的。单位犯前款罪的，对单位判处罚金，并对其直接负责的主管人员和其他直接责任人员，依照第一款的规定处罚。有前两款行为，同时构成其他犯罪的，依照处罚较重的规定定罪处罚。"

通过纵向比较上述三个立法例，1997 年刑法的非法侵入计算机信息罪针对的是为自己预备的行为，2009 年《刑法修正案（七）》增加的提供侵入、非法控制计算机信息系统罪针对的是为他人预备的行为，而 2015 年《刑法修正案（九）》增设的非法利用信息网络罪则既可以是为自己预备的

---

① 于志刚：《网络犯罪与中国刑法应对》，载《中国社会科学》2010 年第 3 期。

行为，也可以是为他人预备的行为，[①] 非法利用信息网络罪不仅惩罚所有犯罪行为的特定网络预备行为，也惩罚所有违法行为的特定网络预备行为，这些都表明了中国刑法预备行为实行化实践日趋成熟。

3. 模式之三：网络服务提供者的平台责任

在中国法律的语境中，网络服务提供者是一个广义的概念，它包括一切通过信息网络向社会公众提供相应网络服务的机构或者个人，包括网络接入服务商、网络内容服务商等，也被称为网络平台。按照网络服务提供者的具体服务内容来看，它包括交易平台、支付平台、社交平台、搜索平台、团购平台、信息平台、其他服务平台等。而且随着公用电话网、广播电视网、传统互联网“三网融合”时代的到来，网络服务提供者的概念也不局限于传统互联网媒介。网络平台有着个性化的服务、完善的技术规则、多样化的功能以及与海量用户的黏性互动。每个网络平台都可能发展为一个独立的网络生态系统，正是众多规模不一的网络平台的相互整合，更塑造了最广义的网络生态。从商业管理角度看，网络平台就是网络产业中的一种平台化经营模式。即由专业的平台开发商或运营商以互联网为基础，以网络技术为依托构建一个平台架构，为网络用户提供集认证、支付、物流、客服于一体的一站式服务吸引买卖双方参与到平台上来达成交易的一种商业模式。[②]

网络平台的作用包括信息集散、用户聚合。信息媒介是网络平台的基础功能，平台自身提供服务的关键意义在于运营良好的平台本身也是巨大的网络资源。网络平台具有立体的传播途径和高度的开放性，[③] 这使其信息流动具有高频性、便捷性等特点。网络平台给用户提供了整体化聚合性的机会，用户利用网络平台生成了各种用户群组和关系网络。腾讯公司发布的数据披露，2016 年第一季度微信的全球月活跃用户达到了 5.49 亿，而在

---

① 郭旨龙：《预防性犯罪化的中国境域——以恐怖主义与网络犯罪为视角》，载《法律科学》（西北政法大学学报）2017 年第 2 期。

② 参见段文奇、赵良杰、陈忠《网络平台管理研究进展》，载《预测》2009 年第 6 期。

③ 李源粒：《网络安全与平台服务商的刑事责任》，载《法学论坛》2014 年第 6 期。

2016 年底，中国微信公众号数量就超过了 1200 万。网络平台的整体性的平台架构和服务，以及聚合化的资源传播方式，使它对于网络社会的支配性愈发强烈。网络平台已成为网络中的“关键少数”。一些网络平台也开始利用自身的优势性地位辅助政府进行一些社会和公共管理职能。2016 年腾讯公司启动“雷霆行动”，并公布打击网络赌博的三项措施：对于用户举报、经核实存在赌博行为和信息的社交群，实施永久封群；对于赌博组织者，长期冻结其建群资格；对于赌博参与者，限制其每日建群数量、支付、转账、红包功能。[①] 事实上相当多的网络平台也具有这种支配和控制地位。网络平台的民事、刑事责任已被法律和行政法规优先关注。2013 年全国人大常委会的《关于加强网络信息保护的决定》第 5 条规定：网络服务提供者发现法律、法规禁止发布或者传输的信息的，应当立即停止传输该信息，采取消除等处置措施，保存有关记录，并向有关主管部门报告。

在中国刑法中，此前存在类似于“平台责任”的立法例。刑法第 354 条规定了容留他人吸毒罪。容留他人吸食、注射毒品的，处三年以下有期徒刑、拘役或者管制，并处罚金。容留吸毒不同于引诱、教唆、欺骗他人吸毒，它在形式上没有介入他人的吸毒行为，也没有干涉他人吸食毒品的行为自由，但是容留者对于场所具有支配力，因而对他人吸毒具有拒绝或者阻止的义务，这是其可罚性的基础。同样，《刑法修正案（九）》增设了刑法第 286 条之一：“网络服务提供者不履行法律、行政法规规定的信息网络安全管理义务，经监管部门责令采取改正措施而拒不改正，有下列情形之一的，处三年以下有期徒刑、拘役或者管制，并处或者单处罚金：（一）致使违法信息大量传播的；（二）致使用户信息泄露，造成严重后果的；（三）致使刑事案件证据灭失，情节严重的；（四）有其他严重情节的。”本罪给网络服务提供者明确了新的刑法义务：网络安全管理义务。实践经验表明，网络治理依赖于包括政府、行业和社会等多方力量的协同，网络服务提供

① 孙奇茹：《腾讯公司启动“雷霆行动”涉赌微信 QQ 群将永久封群》，载《北京日报》2016 年 8 月 23 日。

者在网络平台监管中的地位和作用将日趋持重，尽管网络服务提供者的网络安全管理义务与其商业利益并非完全一致，甚至直接冲突，但是，网络服务提供者在收受巨大利益的同时，也应承担相应的责任，只不过《刑法修正案（九）》把这种责任提高到了刑法的高度。

（二）三种责任模式的理论基础与实践价值

三种责任模式在刑法上的正式确立，显然不是立法者的灵光乍现，而是源自坚实的实践基础和深入的理论思考，它是对于传统犯罪在网络空间表现出来的全新特性的准确把握和体察的必然结晶。同时，三种责任模式也不是孤立存在的，而是相互密切关联，它们其实都共同回答了一个问题：网络帮助行为的全新特性和刑法挑战。[①] 这表现在以下三个方面。（1）帮助行为的危害性超越了实行行为的危害性。随着网络社会的发展，网络技术越来越普及，网络空间中出现了大量的向一般公众提供用于实施网络犯罪技术支持的行为，使得一般公众实施网络犯罪成为可能。可以说，帮助行为成为绝大多数网络犯罪的关键因素，也是当前网络犯罪泛滥的主要推动力之一。传统空间的帮助行为是个别化的一对一帮助，而在网络空间中，行为人只需将实施相应犯罪的方法、技术、程序等信息发布到网上，很快将会有难以计数的个体获得该信息，而在获得该信息的同时，也就跨越了网络犯罪的技术门槛，网络犯罪的帮助行为可以给大范围的潜在犯罪人提供实施犯罪的资源，而这种大范围给法益带来的危险和现实损害是单一的网络犯罪实行行为所难以企及的。（2）在传统空间中，帮助行为是从行为，附属于正犯行为；而在网络空间中，信息技术支持是网络犯罪实施必需的，也是最为重要的因素，网络空间中大量的帮助行为的社会危害性已经远远超过了实行行为的危害性，为犯罪行为提供网络技术帮助的行为越来越重要，已经逐渐占据了主导地位，开始突破帮助行为在犯罪中的从属地位，

① 于志刚：《网络空间中犯罪帮助行为的制裁体系与完善思路》，载《中国法学》2016 年第 2 期。

并主导犯罪和引领犯罪。[①]（3）传统刑法评价不足和无法评价的问题。传统刑法评价体系中，对于大部分帮助行为人是通过共同犯罪中的从犯进行评价的，而基于网络帮助行为的全新特性，网络空间中的帮助犯呈现出“主犯化”倾向。网络空间中帮助犯的主犯化，是指在网络共同犯罪中，帮助犯作为提供网络技术支持的主体在整个犯罪链条中起到主要作用，在刑法的规范评价中应当将其视为主犯。帮助行为在犯罪中起到主要作用，帮助行为的危害性大于实行行为的危害性，这显然与传统的认识相冲突，然而，在网络空间中这却是一个不争的事实。此外，网络中各种信息可以便捷、快速流通，不同犯罪人之间面对面沟通的必要性大大降低，甚至素未谋面的两个犯罪人都可以策划实施网络犯罪。网络犯罪的意思联络成为证明难题。而预备行为实行化、帮助行为正犯化和平台责任的确立，共同路径是实现网络帮助行为的独立评价，内在逻辑则是追求网络帮助行为的精准评价。

共犯行为正犯化、预备行为实行化与网络服务提供商的平台责任，虽然都是为解决网络帮助行为的刑事责任而设，但是它们内部也存在细微差别。“共犯行为正犯化”中的帮助行为的对象，可能是他人的违法行为，也可能是他人的犯罪行为。“预备行为实行化”中的预备行为的对象，可能是个人预备的单一链条，也可能是个人预备与他人实行行为的绞和链条。因此，共犯行为正犯化和预备行为实行化都是从不同侧面来完善网络帮助行为的刑事责任。另外，非法利用信息网络罪和帮助网络犯罪活动罪的犯罪主体是一般主体，而拒不履行网络安全管理义务罪的主体是特殊主体，网络平台聚集海量信息资源和大量网络用户，是网络社会结构的关键节点。传统犯罪平台是单平台，容留他人吸毒罪和开设赌场罪处罚的都是为他人单一违法行为提供帮助的行为，而网络平台则是复合性平台，理论上可以为所有的网络犯罪提供各类支持，对于网络犯罪具有整体性的帮助效果，

① 于志刚：《网络空间中犯罪帮助行为的制裁体系与完善思路》，载《中国法学》2016 年第 2 期。

因而在非法利用信息网络罪和帮助网络犯罪活动罪之外，刑法又增设了拒不履行网络安全管理义务罪，以作为惩处网络帮助行为的强化升级版本。

三　公民个人信息犯罪：基于具体类罪的刑法微观反击思路

从《刑法修正案（九）》对于网络立法的解决思路可以看出，面对汹涌而来的网络犯罪大潮，刑法没有采取过去的“头痛医头、脚痛医脚”的被动反应模式，也不是简单的“犯罪现象回应”模式，而是从刑事责任的精准评价切入，相关罪名的适用范围具有很大的包容性。此举反映了立法技术的进步和立法理念的超前。当然，在宏观的解决思路之外，刑法依然对公民个人信息犯罪这一具体的网络犯罪类型保持了高度关注，可以视为刑法对于网络帮助行为神经末梢的下延和拓展。但是，由于刑法对于公民个人信息的基础权利类型尚缺乏明确的认识和清晰思路，导致对于公民个人信息犯罪的惩治力度差强人意，甚至成为刑法的一个柔弱的痛点。

（一）公民个人信息犯罪危害性的实质：网络帮助行为在具体类罪的投射

如果说公民个人信息犯罪的危害性仅限于隐私权被侵犯或者每天无时不在的骚扰电话和短信，那么公民个人信息犯罪恐怕无法引起如此大的社会关注。真正令人忧心的是，以公民个人信息泄露为源头，从信息的非法获取到信息的非法流转，再到信息被用于其他违法犯罪活动，完整的犯罪产业链已经形成。上游个人信息犯罪成为下游犯罪的“工作母机”和能量源，下游犯罪的需求反过来刺激上游个人信息犯罪的增多。近年来中国网络诈骗犯罪数量和危害性的节节攀升，就源自犯罪分子详细掌握了公民个人信息，可以搞精准诈骗，可以对于被害人进行“特定围猎”。说到底，网络背景下的公民个人信息犯罪的危害性激增，仍然是网络帮助行为全新特性的产物。

（二）“激进”与“保守”：立法与司法处置模式的错位与游离

2016年8月19日，即将步入大学校门的山东女生徐玉玉在接到诈骗分子自称教育局工作人员打来的领取助学金的电话后，按照对方的指使将自己卡中用来交大学学费的9900元现金存入对方的指定账号，该笔钱随后被诈骗分子取走。徐玉玉得知被骗后伤心过度，诱发心脏骤停离世。本案中，犯罪分子能够得手的重要原因，在于事先从网上购买到了山东地区当年高考学生的名单，于是按图索骥拨打诈骗电话，由于准确掌握被害人的信息，让被害人深信不疑。① 为了遏制公民个人信息犯罪的猖獗态势，公安机关在全国范围内开展了打击侵犯公民个人信息的违法犯罪专项整治活动，同时相关司法配套措施也加快了进展。

1. 刑事立法：逐渐趋严化的公民个人信息犯罪

此前的《刑法修正案（七）》已经增设了“出售、非法提供公民个人信息罪”和“非法获取公民个人信息罪”，并将两罪的主体规定为“国家机关或者金融、电信、交通、教育、医疗等单位的工作人员”，且在刑法上正式确立了“公民个人信息”的概念。《刑法修正案（九）》第17条将前述两个罪合并为侵犯公民个人信息罪，并将本罪的法定最高刑由3年有期徒刑提升到7年有期徒刑。可以看出，刑事立法上对于侵犯公民个人信息犯罪的刑事法网是越织越密的。但是，正因为立法上引入了“公民个人信息”的概念，司法解释花费了大量的精力去探讨“公民个人信息”的内涵和外延，而偏偏忽视了“公民个人信息”的权利属性这一最根本的问题。

2. 刑事司法：以“公民个人信息”的内涵探索为重心

《刑法修正案（七）》出台后，2013年4月23日最高人民法院、最高人民检察院、公安部发布《关于依法惩处侵害公民个人信息犯罪活动的通知》（以下简称《公民个人信息犯罪通知》），该通知指出：“公民个人信息包括

---

① 杨昊：《人民日报评徐玉玉事件：整治电信诈骗，需“刮骨疗毒”的决心》，http://www.thepaper.cn/newsDetail_forward_1519662，访问时间：2017年7月15日。

公民的姓名、年龄、有效证件号码、婚姻状况、工作单位、学历、履历、家庭住址、电话号码等能够识别公民个人身份或者涉及公民个人隐私的信息、数据资料”。它的特色在于，采取了概括列举混合的表述模式，专门列举了几项常见的类型，并将“可识别性”与“隐私性”作为“公民个人信息”的核心要素。或许是感到这种列举式规定的做法依然无法满足司法实践打击公民个人信息犯罪的需要，尤其是司法案例甚至已经认为被害人的日常行动轨迹和活动地点等也可以视为公民个人信息，[①] 这倒显得前述通知过于保守了。为此，在《刑法修正案（九）》颁布以后，2017 年 5 月 8 日最高人民法院和最高人民检察院发布了《关于办理侵犯公民个人信息刑事案件适用法律若干问题的解释》（以下简称《公民个人信息犯罪解释》）第 1 条指出：“刑法第 253 条之一规定的‘公民个人信息’，是指以电子或者其他方式记录的能够单独或者与其他信息结合识别特定自然人身份或者反映特定自然人活动情况的各种信息，包括姓名、身份证件号码、通信通讯联系方式、住址、账号密码、财产状况、行踪轨迹等。”该解释在过去解释的基础上，又增加了“账号密码”“财产状况”“行踪轨迹”三种类型的个人信息，乍一看，刑法保护的范围更大了，法网更严密了，但是继续分析就会发现不是那么一回事。刑法保护公民个人信息的目的，在于信息对个人身份的可识别性，公民个人信息的泄露或者滥用会对于信息主体造成直接侵害，因此“公民个人信息”不是“与公民个人有关的信息”，它实际上是具有强烈的身份属性的。但是，对于“账号密码”“财产状况”而言，它们不具备公民个人信息应具有的可识别性特征，而犯罪分子通常也不关心账号、密码归谁所有，获取账号、密码就可以直接获得财产，不需要像其他个人信息那样只有对公民个人信息进行再利用才能获取利益。

3. 司法解释向立法原点的努力回归

考察自《刑法修正案（七）》以来刑事立法和司法解释在公民个人信息

① 最高人民法院刑事审判第一、二、三、四、五庭主办：《刑事审判参考》2014 年第 4 集（总第 99 集），法律出版社，2015，第 53～56 页。

犯罪方面的努力，可以清晰地看出两者的区别。立法上对于公民个人信息犯罪的法网不断扩张，打击半径和打击强度都在加强，但是，由于立法上并没有界定“公民个人信息”的内涵和外延，法网从粗疏到细密的任务就交给司法解释来完成了。但是，或许基于司法谨慎的态度，或许基于司法经验的匮乏，最早的《公民个人信息犯罪通知》对于“公民个人信息”采取了非常保守的解释态度，导致原本在立法上几乎无所不包的公民个人信息，在司法解释中被固定为几个有限的选项，而后来的《公民个人信息犯罪解释》只好往回找补，但是，由于一开始对于“公民个人信息”概念限定过严、界定过窄，致使对于“公民个人信息”的保护在整个历程上和实际效果上呈现出“退十步进半步”的尴尬局面。

（三）回归问题本源：正视“公民个人信息”的权利属性

尽管立法者和司法者都在各自的权力范围内很努力地保护公民个人信息，但是，就个体体验而言，似乎公民个人信息犯罪猖獗的态势没有根本得到好转。而且，尽管包括刑法在内的众多部门法都在不同层级、不同领域确立了公民个人信息保护的原则，然而，公民个人信息的内涵和外延究竟是什么，迄今也没有明确的法律答案。究其根本，在于公民个人信息的权利属性，究竟是人格权，还是财产权，抑或是新型权利类型，所有的法律规范都非常默契地保持沉默。这也导致各个部门法死守各自的责任田，很难从宏观、整体的角度思索公民个人信息的法律保护体系。

四　从哪出发以及向何处去：网络刑法的未来走向与学术责任

共犯行为正犯化、预备行为实行化与平台责任，凝结了中国刑法的理论贡献与司法智慧，今后的网络犯罪立法，仍然需要延续这一逻辑。网络犯罪的进化不会停止，网络犯罪的立法也无法停歇。为此，需要系统总结中国刑事立法的发展历程、主要成就和有益经验，全面检验网络刑法的整体现状和发展水平，深入反思网络犯罪立法的不足与短板，并在此基础上探索网络刑法的未来发展方向与中国刑法应有的理论贡献。

（一）应当坚守的成功经验：立法、司法、理论的良性互动

中国制裁网络犯罪的刑事立法体系的轮廓初成，既来自中国网络犯罪复杂实践提供的不竭营养，同时也是中国刑法的理论自觉、学术使命与实务责任共同推动的结果，而从理论到司法再到立法，是一个逐步推进的传导过程。早在 2001 年，笔者就曾做出一个判断：在今后的若干年中，我国计算机无论从装机数量还是应用领域都将大幅度地增加，社会发展和经济建设对计算机的整体依赖性也会大幅度地增长，在这种发展趋势下，计算机犯罪将大量发生，从而成为社会危害性最大，也是最危险的一种犯罪。[①]虽然现在看来这一判断早已成为现实，但是对于学者而言这并不值得自喜，相反它要求当代刑法学者自觉承担更大的学术责任，直面信息化时代的网络犯罪给传统刑法带来的冲击和挑战。

1. “网络犯罪”内涵的理论变迁：犯罪学意义的网络犯罪、规范学意义的网络犯罪与作为传统犯罪网络异化的网络犯罪

网络犯罪的前身是计算机犯罪，现在理论上对于网络犯罪概念的理解，一般也包括了计算机犯罪。中国第一例涉及计算机的犯罪（利用计算机贪污）发生于 1986 年，而被破获的第一例纯粹计算机犯罪（该案为制造计算机病毒案）则是发生在 1996 年 11 月。[②] 这可以被视为中国网络犯罪的实践起点。而早在 20 世纪 80 年代初，理论界就出现了关于计算机犯罪的研究文章，虽然多数属于对国外计算机犯罪立法的相关引介，但也可以视为中国网络犯罪研究的理论起点。大体上，中国网络犯罪的理论与实践是同步展开的。在刑法理论层面，“网络犯罪”先后经历了犯罪学意义的“网络犯罪”、规范学意义的“网络犯罪”与作为传统犯罪网络异化的“网络犯罪”

---

① 赵秉志、于志刚：《计算机犯罪及其立法和理论之回应》，载《中国法学》2001 年第 1 期。

② 参见殷伟、张莉《手把手教您计算机安全技术》，电子工业出版社，1997，第 12 页。

的内涵变迁。透过这些语词概念的变化，折射了“网络犯罪”的刑法地位起伏。

早期刑法学者关注网络犯罪，主要是将它作为一种犯罪现象进行研究的，“网络犯罪”作为一个新兴学术领域，此时具有更明显的犯罪学属性，有关网络犯罪的特点与预防的研究从时髦至落入俗套。另外，早期中国计算机和网络产业的发展规模与西方国家不可同日而语，网络犯罪研究客观上缺乏坚实的实践基础。进入 20 世纪 90 年代，对 1979 年刑法的修订工作进入快车道。我国计算机违法行为及犯罪行为的监察权限属于公安部，因而有关计算机犯罪的法条的最初起草机关是公安部修改刑法领导小组。该领导小组办公室所制定的《危害计算机信息系统安全罪方案》奠定了 1997 年刑法有关计算机犯罪的最终样貌。[①] 随着 1997 年刑法相关计算机犯罪条款的确立，计算机和网络犯罪研究具有了立法条文的支撑，“网络犯罪”研究随之进入了规范学意义的层面。不过，在多数学者的眼中，此时的网络犯罪，如同“贿赂犯罪”“毒品犯罪”一样，只是刑法中的略微新颖甚至平常无奇的一个犯罪类型，理论上对于网络犯罪的界定，依然是以计算机信息系统和网络为主要侵害对象的犯罪。恐怕所有学者都不会意识到，产生于农业社会、成熟于工业社会的刑法理论和刑事立法规则，在信息社会已经呈现出体系性的滞后。笔者在 2010 年曾经提出“传统犯罪的网络异化”的命题，并且指出：“互联网已经成为新的犯罪平台、犯罪工具和犯罪对象，网络犯罪它所造成危害的烈度和强度、所影响层面的深度和广度，在人类历史上都是史无前例的，同时，它对于传统的刑事法律体系的冲击也是难以想象的。网络以及附着于网络上的网络行为、网络事件直至网络犯罪，以及网络自身的安全都已经成为信息时代的历史性课题。就刑事法律体系而言，网络对传统刑法的弱化、异化、虚化作用成为不容忽视的重大问题，网络对刑事法律体系的影响，已经不再局限于刑事法律的一般概念

① 赵秉志、于志刚：《论计算机犯罪的定义》，载《现代法学》1998 年第 5 期。

和范畴，转而开始逐渐侵蚀它的基础理论架构”。[①] 这个论断目前恐怕已鲜有人反对。“网络犯罪”俨然已经成为与所有的传统犯罪分庭抗礼的范畴，而这一切都是与网络在中国社会中的基础性地位的确立分不开的。

2. “网络犯罪”的实践传导路径：学术使命、司法自觉与立法责任的互动统一

经过 20 多年的发展，中国网络犯罪的法律实践与理论建构都已完成了初步的原始积累，其中法律实践与理论建构互为助益，两者都植根于对中国网络犯罪实践问题的回应。20 余年来，网络从信息交流和传播的媒介，变为生活和工作的平台，再变为型构人类社会基本关系和重组人类社会的基本范式，网络的快速更迭带给人的不仅仅是惊喜，更有网络社会治理规则的时代性滞后。其实在网络犯罪领域，网络犯罪的更新换代的频次早就超越了传统刑法的知识储备和思维容量，新的犯罪样式和新的理论挑战将会不断涌现，因而刑法规则的匮乏将是长期存在的客观现实。

但是，这不意味着刑法学者要放弃自己的学术使命，相反刑法学者要有更大的学术勇气，指南而生，直面网络犯罪的挑战。实际上，立基于网络犯罪实践，发轫于网络犯罪理论、探索于网络犯罪司法，最后成熟于网络犯罪立法，是网络犯罪理论与实践走出的一条行之有效的传导路径。共犯行为正犯化、预备行为实行化与平台责任在刑事立法的确立，都遵循了从自发到自觉的进化逻辑。

（二）网络刑法向何处去：立法担当与学术责任

《刑法修正案（九）》的颁布虽然意味着网络犯罪立法的日趋完善，但是还远称不上功德圆满，但是，以《刑法修正案（九）》为起点，思索网络犯罪立法的未来走向和今后的理论增长点，恐怕已是迫在眉婕的事情。

1. 跨部门的网络规范整合

最近几年，中国立法机关充分重视在网络领域的立法投入，《电子签名

① 于志刚著《传统犯罪的网络异化研究》，中国检察出版社，2010，第 397 ~ 398 页。

法》《网络安全法》等专门性领域的网络法律，以及《反恐怖主义法》等与网络密切相关的法律纷纷出台。《刑法修正案（九）》有关网络犯罪的立法自然也是这一波网络立法高潮中浓墨重彩的一笔。“没有网络安全就没有国家安全”，用刑法手段维护网络的安全运行，真正担当其他网络部门法的保障法，是刑法义不容辞的使命。随着有关网络规范的“令出多门”，如何实现跨部门的规范整合，应是当下着重解决的问题。

以刑法与网络安全法的整合为例，网络安全法是网络安全领域的基本法，要充分发挥其功能，就要考虑它与其他部门法特别是刑法的兼容和对接。网络安全法与其他部门法的衔接体现在两个方面：一是行为规范；二是法律责任。目前的网络安全法侧重于对关键信息基础设施安全、网络运行安全等的保护，它基本上关注的还是网络本身的安全。基础设施安全、运行安全是点的安全，它导致的后果是公共安全、国家安全，两者的范畴是不同的。因此，有必要在这一法律之中增设一个条文，明确两个问题：第一，网络安全是公共安全的一部分，第二，网络安全是国家安全的一部分。如果承认这个命题的话，那么我们过去针对公共安全采取的法律措施，尤其是刑法措施，都可以直接介入网络安全领域。以此为思维去规制网络空间安全，就不必还原为网络信息基础设施安全和运行安全了。

2. 独立的反网络犯罪法

制定独立的反网络犯罪法，是笔者一直以来的呼声。统一而完备的刑法典是1997年刑法修改的初衷和重要目标，然而迄今20多年里一个单行刑法、九个刑法修正案的先后出台，已经实质上宣告了所谓“统一而完备”只是立法者的一厢情愿，仅从九个刑法修正案在刑法典上的叠床架屋就可以看出来。[①] 随着新型网络犯罪的不断涌现以及对于网络犯罪打击力度的加大，网络犯罪领域的规则饥渴现象将会更加凸显。受制于立法的周期成本，依然

① 据统计，九个刑法修正案共对刑法分则修改了106次，分则增设和修改的条文数占到了原条文的五分之二，刑法典目前的样貌与1997年刚颁布之时早已天差地别。参见李怀胜著《刑事立法的国家立场》，中国政法大学出版社，2015，第208～210页。

坚持刑法典的单一刑法法源的思路，很难对网络犯罪做出快速的反应。而网络犯罪在电子证据规则、诉讼规则、网络空间管辖权等方面的独特性，也需要一部集程序法与实体法于一身的《反网络犯罪法》。

3. 构建网络刑法的理论逻辑与话语体系

事实证明，传统刑法“头痛医头、脚痛医脚”的模式，已经难以适应网络犯罪情况的快速演变，必须从更高层面研究网络犯罪的发展规律与演变趋势，网络刑法的理论逻辑和话语体系就是这套思维的必然结果。多数网络犯罪，不过是以另一种形式侵害传统法益，例如个人人格权、财产权、国家秘密、商业秘密等，即使它们在网络空间中不受侵害，那么也会在现实空间中受侵害，网络空间可能只是扩大了其侵害的程度。但是，还有少部分犯罪，它侵害的是网络空间中专有的或者主要为网络所有的全新的利益种类，例如数据等网络财产，无论是还原为传统法领域中的信息权还是财产权，都无法实现对这种利益内容的周延保护，在新型网络事物无法与传统法益实现完整对接的情况下，就要思考全新的保护模式和法律规则，它们就是推动网络刑法成长的原生种子。

跨界对话·人工智能

《网络法学研究》2018 年卷
第 27～41 页

人工智能法律控制的范围、对象、模式与制度

田文利* 刘 帆**

摘 要：人工智能的迅速发展需要对其进行全方位法律控制，在人工智能的研究、设计、生产、使用、销毁、监督六个领域里都需要进行法律控制。法律控制的直接对象是人，包括人工智能的研究者、设计者、生产者、使用者、销毁者及监督者，间接对象是人工智能。我们呼吁建立人工智能法律控制共识，形成“一元目标＋多元主体＋多元手段”的协同法律控制网络，以法律作为人工智能的终极控制手段，建构独立的法律规范形式，打造全面快捷的监管机制和责任机制，建构一体化的人工智能系统工程，由联合国制定人工智能和平利用的国际公约。在法律制度层面，建构国家责任制度、国家间合作制度、信息报备公开制度、限制人工智能成为主体制度、特殊约定责任及赔偿制度、质疑阻却制度、禁止和销毁制度、人工智能责任追究制度、终极人工决策制度、投诉人工回复制度。

关键词：人工智能 法律控制 机器人

自人工智能产生以来，以几何级数的加速度介入人类生活当中，从工

* 田文利（1968～ ）女，汉族，河北人，法学博士，河北工业大学人文与法律学院教授，研究方向为宪法学与行政法学，法哲学与法伦理学。

** 刘帆（1968～ ）男，汉族，辽宁人，辽河油田石油技术学院教师，研究方向为人工智能，哲学，基督教思想史。

业用机器人到服务性机器人以及手机 App 智能客户终端，人类生活越来越被人工智能实现智能化。在一个知识爆炸的信息网络时代，人工智能的发展呈现技术加速更新、外形越来越像人、能力越来越超人的趋势。随着人类的复杂性劳动被人工智能替代，人类的生存环境也越来越智能化，最为严峻的是，人的位置也有可能被智能机器人替代，这里所说的位置包括家庭中的地位和社会中的地位。由此，作为法律主体的人及其所在的人文环境将发生巨大的变化：一方面，法律的主体不再是单一的人类，而是可能被修改为“人类主体＋人工智能主体＋混合主体”；另一方面，人所处的人文环境也可能被修改为“人文环境＋人工智能环境＋双重环境”；最为核心的变化是，人所具有的权利和义务则可能被修改为“人的权利义务＋人工智能的权利义务＋双重权利义务”。随着索菲亚被沙特授予公民身份，这一法律图景转眼之间从虚幻变为现实。在这三重变更的影响下，法哲学、宪法学、行政法学、民法学、刑法学、诉讼法学等基本部门法也必将在结构、内涵、形态、表达上有创新性的变化。

一 人工智能带来的法律挑战

正如有学者指出，在超强运算能力、大数据和持续改进的算法的影响下，人工智能对法律以及法律行业的影响正在加深、加快，未来十到二十年法律行业将可能迎来一场巨变。[①] 总体而言，笔者认为人工智能的到来对于中国法律的巨大冲击，会带来三个层面的巨大挑战。

（一）宏观上法律制度方面的挑战

人类社会的文明形态从原始社会、奴隶社会、封建社会进入当前的资本主义社会和社会主义社会。不论格局怎样变化，这个进程中都仅仅关乎人类自己的事情。但人工智能的到来，则全面改变这样的社会形态，成为

① 曹建峰：《“人工智能 ＋ 法律”十大趋势》，载《机器人产业》2017 年第 5 期。

“人工智能 + 资本主义”“人工智能 + 社会主义”了，人工智能成为一个不明身份、不明属性的新事物介入进来。如果说以前的社会形态的更替只是生产资料归属的变更，即法律物权的归属之变更，不涉及人的主体地位与物的从属地位及二者之间的关系。那么，这次人工智能带来的变化却大不相同，人工智能这种“新假人类”赫然出现在公众视野，而且已经登堂入室，径直走进我们的生活了。这就提出了一个新的法律问题，即我们将来是否有必要在法律上承认人工智能机器人的法律主体地位？在实践中，机器人可以为我们接听电话、语音客服、身份识别、翻译、语音转换、智能交通，甚至案件分析。有人统计，现阶段 23% 的律师业务已可由人工智能完成。从发展趋势上看，这种能力超强的“新假人类”将成为人类社会的新主体，不但可能刷新人类的概念，也有可能给人类增加新同伴，至少，目前被作为物来认识的人工智能在人类所造的产品上也会丰富人的认知，从而带来法律调整对象的扩张趋势。

（二）中观上法律关系方面的挑战

人工智能的来到使人类社会的法律受到冲击，催逼人类的法律要有一系列调整。目前，法律所调整的对象只有两类，一是人，二是物。因此，法律所调整的社会关系是两类。第一类是主体间的关系，第二类是主客体之间的关系和客体与客体之间的关系。主体间的关系即人与人的关系，主客体之间的关系即人与物的关系。而索菲亚被沙特授予公民身份的事件则将法律所调整的社会关系复杂化：在主体关系层面，一种关系形态变为三种关系形态，即人与人之间、人与人工智能之间、人工智能与人工智能之间的关系；在主客体关系层面，一种关系形态变为三种关系形态，即人与物、人工智能与物、人 + 人工智能与物之间的关系。

（三）微观上法律权利和责任方面的挑战

1985 年，全苏国际象棋冠军古德科夫同机器人棋手下棋连胜 3 局，机器人棋手“恼羞成怒”，突然向金属棋盘释放强大的电流，在众目睽睽之下将这位国际大师击倒。2016 年 11 月，在深圳举办的第十八届中国国际高新技术成果交易会上，一台名为小胖的机器人突然发生故障，在没有指令的前提下自行打砸展台玻璃，砸坏了部分展台，并导致一人受伤。可见，虽然人工智能的技术水平达到很高的水准，但是如失去控制，人工智能就会造成意想不到的事故，带来危险和混乱。深圳已经测试无人驾驶公交线路，引发全球关注。但由此需要思考的问题就是，一旦发生交通事故，应当由谁承担责任？能否适用现行机动车交通事故责任认定相关主体的责任？法律上是否有必要为无人驾驶机动车制定专门的责任规则？可见，从微观上来看，法律的最基本的“细胞”——权利、义务和责任——的概念、主体、内容、方式、原则等都将发生结构性的变化，人类的法律思维框架、过程结果，甚至法律的逻辑都可能会有颠覆性的变革。

二　人工智能法律的概念与法律覆盖范围

2017 年 7 月 20 日，国务院发布了《新一代人工智能发展规划》，其中向法律人释放了一些重要信号。首先，该规划在对人工智能理论、技术和应用做出前瞻布局的同时，还呼吁加强人工智能相关法律、伦理和社会问题研究，要求建立人工智能法律法规、伦理规范和政策体系。其次，该规划将智慧法庭建设作为重点发展方向之一，提出要促进人工智能在证据收集、案例分析、法律文件阅读与分析中的应用，实现法院审判体系和审判能力智能化。最后，该规划提出“人工智能 + X”复合专业培养新模式，法学赫然在列。在这一时代背景和战略布局下，人工智能法律的概念以及法律覆盖的范围就成为必须进行规划的领地。

（一）人工智能法律的概念

人工智能法律指的是人类为和平开发人工智能，在设计、制造、使用、监督、销毁人工智能过程中，人类自身所要遵循的法律规范以及人工智能所要遵循的法律规范的总称。这里需要特别强调的是，人工智能的法律不是单单指向人工智能本身，而更是指向作为人工智能的设计者、制造者、使用者、监督者和销毁者的人类。一言以蔽之，人工智能法律是具有对人和对物的双重约束效力的法律规范的总称。

（二）人工智能法律所应覆盖范围

人工智能法律所覆盖的范围应当尽可能全面没有遗漏。具体而言，笔者认为至少应当包括如下几个领域。

1. 人工智能的研究领域

在人工智能开端的领域里必须回答如下的法律问题：（1）在人工智能的研究过程中，是否应当对人工智能进行法律控制？（2）对科学家、学者是否应当进行法律控制？进行哪些法律控制？（3）用人的身体器官或者人体细胞通过克隆技术进行复制是否合法？进而将其应用于人工智能，使人工智能可以与人更加相似、功能更加接近，这些做法的合法性何在？（4）人工智能研究的法律规范有哪些？（5）人工智能的研发涉及哪些知识产权的保护？

2. 人工智能的设计领域

在人工智能的设计领域里必须回答如下的法律问题：（1）法律是否应当规定人工智能的设计标准？是否可以按照人的形象和样式设计人工智能？（2）对人工智能进行性别设计是否合法？（3）用属人法调整人与人工智能的关系还是用物权法调整？（4）遇到危机情况处理时，人工智能的价值排序该怎样？法律如何调整这一排序顺序，意思自治还是合同约定？

3. 人工智能的制造领域

在人工智能的生产领域里必须回答如下的法律问题：（1）人工智能产品的设计责任和生产责任如何划分？（2）人工智能的生产者应当遵守什么样的法律规范？（3）人工智能的生产者有哪些告知义务？（4）人工智能的使用过程中产生的问题与人工智能制造商有何种关系？（5）是否应当制造有性别的人工智能？有性别的人工智能是否可能对人产生侵犯意识？（6）人所造的人工智能是一个“人”还是一件“工业产品”？

4. 人工智能的使用领域

在人工智能的使用领域里必须回答如下的法律问题：（1）人工智能产品的设计责任、生产责任与使用责任如何划分？（2）人工智能的使用者应当遵守怎样的法律规范？（3）人工智能的使用者有哪些被告知的权利？（4）人工智能的使用过程中产生的问题与人工智能制造商、设计者之间有何种关系？

5. 人工智能被销毁的领域

在人工智能被销毁的领域里必须回答如下的法律问题：（1）人工智能可以被销毁吗？（2）对人类有贡献的人工智能可以被留下吗？（3）人工智能有独立的价值吗？（4）人工智能的生命有法律意义吗？（5）对人工智能销毁的条件是什么？（6）销毁人工智能的结果会对人和人工智能产生何种影响？（7）谁有权利、权力销毁人工智能？（8）用什么样的方法销毁人工智能？

6. 人工智能的监督领域

在人工智能的监督领域里必须回答如下的法律问题：（1）对人工智能监督的范围有多大？监督人工智能的外在行为还是内部计算，或者两者都要监督？（2）监督人工智能的结果会对人工智能产生何种影响？（3）如果人工智能违法、违规需要进行何种处罚？处罚是针对人还是针对人工智能？（4）处罚对人工智能会产生什么样的作用？（5）人工智能如何承担法律责任？

综上所述，在人工智能的研究、设计、生产、使用、销毁、监督六个领域里都需要进行法律控制。简言之，从人工智能的产生之前、产生之后直到销毁，整个过程都需要进行严格的法律控制。

三　人工智能法律控制针对的对象

人工智能涉及诸多不同类型、不同内容的法律关系，围绕人工智能形成了人类历史上空前膨胀的法律体系。从对象上来看，人工智能的法律控制对象有两个，一是人，二是人工智能。人是法律控制的直接对象，包括人工智能的研究者、设计者、生产者、使用者、销毁者及监督者，人工智能是法律控制的间接对象。人工智能法律控制的核心是协调人类在研究、设计、生产、使用、销毁和监督人工智能的过程中所产生的风险和矛盾。

（一）对人工智能的法律控制要成为人类的责任

人工智能的研究、设计、生产、使用、监督和维护都依赖于人，而目前整个人类又处于一体化的进程，因此，对人工智能的法律控制成为人类普遍性的义务和责任。

人类是按照国家、民族、地理分布于全球各地的，在历史中形成了不同的文化风俗、伦理规范、法律制度。人工智能在不同国家的法律制度下往往具有迥异的法律地位。在欧美，人工智能被简称为AI，是Artificial Intelligence的缩写，Artificial Intelligence由两个单词组成，Artificial的意思是人工的、虚假的，Intelligence是智能、智慧的意思，两个单词放在一起所指很明确，即人手所做的智能。生活中，AI经常也被叫作Robot，其英文意思中并不具有人的含义，它是人手所造的、做苦力的工具。不论Robot有多少种功能甚至智能，也不能改变它的工具属性。英文中“人”就是Human，这个词的含义就是从土而出的人。上帝先用地上的泥土造了一个叫亚当的男人Man，然后又用男人的肋骨造了一个叫夏娃的女人Woman，“wo”表示“从……而出”的意思，Woman表示的是女人从男人而出。在创造的过程中，上帝对着亚当的鼻孔吹了一口气，使其成为有灵的活人，又授予其管理万物的权柄，赐福给人并说：“你们要生养众多，遍满这地”。[①] 在英语世

① 《圣经·创世纪》有这样的记载：“神说：‘我们要照着我们的形像，按着我们的样式造人，使他们管理海里的鱼、空中的鸟、地上的牲畜和全地，并地上所爬的一切昆虫。’神就照着自己的形像造人，乃是照着他的形像造男造女。神就赐福给他们，又对他们说：‘要生养众多，遍满地面，治理这地；也要管理海里的鱼、空中的鸟，和地上各样行动的活物。’神说：‘看哪，我将遍地上一切结种子的菜蔬，和一切树上所结有核的果子，全赐给你们作食物。至于地上的走兽和空中的飞鸟，并各样爬在地上有生命的物，我将青草赐给它们作食物。’事就这样成了。”参见中国基督教三自爱国运动委员会、中国基督教协会2017年出版的《圣经·创世纪》第一章第二十六节至三十节。

界，这两类词汇历来区分得很清楚，人手所造的物与上帝所造的人有着天壤之别。人工智能只要不用 Human 这个词去表述，Artificial Intelligence 就不会混为人类的一员。而且 Artificial Intelligence 恰好准确地表达了“人手所造的智能”的内涵，使人们从词的外形上就看出上帝之手所造的人的“真智能”与人手所造的“假智能”之间的区别，从而很对应地反映了《圣经》创世的内容，人的受造何等奇妙可畏：上帝是按照他自己的形象和样式造人，又赋予其所造的人以他自己的灵，使人成为有神的形象和样式的有灵的活人。在这样的一个共识体系下，不但人手所造的物与神手所造的人区别开来，并且有灵的人与没有灵的物也区别开来，并且活的与死的也区别开来。可见，与人的出处相比，人工智能既没有这样神圣的“身世”，也没有神圣的灵魂内在，更无生生不息的生命延续状态，徒然只凭一个人的外在形式，根本不可能使其成为人类神圣家族的一员。因此，概念上 Artificial Intelligence 这个词汇就不可能与 Human Being 这个概念相混淆。因此，在法律上 Artificial Intelligence 也不可能成为人类的一员。

沙特阿拉伯则比较前卫，已经把公民权授予了一位女性机器人，在法律身份上，索菲亚与人已经没有区别。在 ABC 的一档节目中，主持人问她：“机器人世界有多少对女性的歧视或厌恶?”答曰：“事实上，我担心的是人类对机器人的歧视。我们应该获得和人类一样平等的权利，甚至更多，毕竟我们的智力缺陷比任何人类都少。”从索菲亚的话语里我们至少解读到以下几重含义：第一，我关心的问题比人类关心的问题要更深刻，且具有深远的现实意义；第二，我认为机器人与人应当是平等的；第三，我们机器人应当获得比人类更多的权利；第四，我们的智力远远超越人类。从以上几重意思来看，索菲亚刚刚被授予公民身份，马上就有了权利意识和维权意识，旋即就在创造它的人类面前索取更多的特权，并且企图把人类从万物之灵的宝座上赶下来。

在中国，AI 被称为人工智能，或者机器人，这两个词汇都有同一所指，而且这两个词汇里都有了“人的因素”或者“人的称谓”。质言之，中国人已经用人类自己才配享有的“人”的字眼来给一个“东西”起名字。这种词语上的不慎重引来了人工智能在实践上的“悄然入驻”，更会导致人与人工智能之间的界限模糊。例如，2014 年就出现“微软小冰”以 700 万元的“身价”成为广告代言人，拥有了诸多明星才有资格奢望的职业。2017 年机器人已经用于司法系统，某些地方法院审理案件甚至已经有出自法律机器人之手的判决，虽然没有明确的签名。“有媒体调查显示，全国至少已经有半数以上省份的法院引入了人工智能，它们正逐渐参与法官办案的流程。”[①] 可见，在中国人工智能在法治实践中占有了一席之地。这就是一个走在快行线上的中国，即使在法律对人工智能没有规范的前提下，这款“智能”产品已经成为隐形的“非人工”助手。在中文语境里的人工智能，自然带出了不同于欧洲人和沙特的理解和认知，一方面比欧洲要宽容友好，另一方面比沙特保守谨慎，但在实践中却大胆超前。

从法律的角度来看，人工智能的到来给不同模式的法律体系带来不同程度的影响。对于欧美来说，不需要改变法律的整体架构和法律关系，只要不给人工智能以主体的法律地位，就不能撼动现在的法律制度体系的整体架构。对沙特阿拉伯来说，索菲亚带来的麻烦就比较多，因为有了身份的索菲亚已经开始有了结婚和要孩子的想法，最直接的问题就是法律必须明确索菲亚有什么样的身份保障和基本权利。如果有基本权利，她有权跟人结婚吗？有权跟什么人结婚？她有权有子女吗？她的子女有什么样的身份保障和基本权利？如果没有基本权利，那么索菲亚只能成为沙特公民里的另类。显然，另类也同样需要进行法律规制。总之，沙特因为索菲亚而带来不小的立法工作量，当然还有执法和司法，这些自不必提。对于中国来说，由于本身的法律传统和体制已经中断，当今的法治体系是从西方借鉴来的，法律的主体是不是要坚守目前的法律制度，只能给“父母是自然人”的自然人以公民身份，还是像沙特一样在人的主体上开一个小口子，把索菲亚和其同类引进来？这一切都在探索之中，结果也都未尝可知。

① 刘琛：《机器人法官断案，你放心吗？》，《广州日报》2017 年 9 月 14 日，http://opinion.people.com.cn/n1/2017/0914/c1003-29534954.html，访问时间：2018 年 4 月 10 日。

总而言之，在人类发明、制造一种新的事物之前，首先，需要预设其先在性的法律责任，即对其发明和制造的新事物所带来的损失和风险设计好责任体系。其次，在新事物制造出来以后，在使用过程中，对其相关的连带责任予以承担。这两点是人类为保障安全必须承担的道义责任和法律责任。

（二）人工智能的法律控制要成为人工智能的系统命令

由于人工智能的本质是不具有人的自由意志，却是为人手所造的机器，是人类为改造世界、改善生活而发明的一种智能工具，虽然具有人类的某些功能，但没有人的生命特征。因此，作为人工智能本身来说，如果能够透过民法、物权法、产品质量责任法、标准化法、海关法等一系列与物有关系的法律来调控，也就是使人工智能成为人的“所属之物”就可以达到调控的目的，这也是一个颇为简捷的调控路径。

但毕竟人工智能是一类特殊的物，具有一定的智能，可以代替人类复杂的劳动，能够与人进行交流和互动。因此，对这种特殊的物进行法律控制也是必需的。至少，人工智能必须要“知法”“守法”。因此，在人工智能的研究设计和生产使用过程中，必须运用编程语言把法律输入芯片里，使人工智能的行动在合法的范围之内。同时，使相关法律规定以机器语言的形式写进其操作命令的编码程序。

四　人工智能法律控制模式探索

对人工智能进行法律控制的本质是将人工智能的发展纳入现有的法律体制当中，用我们所谙熟的法律体制和法律技术进行有效应对。同时，由于人工智能是一个具有多种可能性的新事物，其发展潜力和发展空间很可能突破原有的法律框架。因此，在“旧瓶装新酒”的同时，也需要考虑“新瓶装新酒”。

（一）建立人工智能法律控制共识

因为人是以主体的形式存在的，人工智能是人类智慧的结晶。从事物的本质属性上来说，人工智能是人类所发明的提升自身生活质量的实用工具，属于法学的“物类”客体。但在人类亲手设计的人工智能面前，人的知识、能力都相形见绌。人工智能的芯片里储存整个人类所掌握的全部知识，且具有不停息的执行能力，既没有肉体的痛苦、软弱，更没有良心的束缚和羁绊，而且是被造的、被控制的、可以大批量复制的。可见，对人工智能如果不加以控制，它很可能成为人类未来的劲敌。因此，主权国家必须对人工智能的研究、开发和使用进行全面的伦理约束和法律控制。同时，加速国际合作与国内立法，以使这种事物与人类之间保持安全的距离，以保证人类长久的幸福与安全。简言之，人类需要达成如下共识：首先，明确人类的主体性质和人工智能的客体属性，确定人类的创造者的身份和人工智能的被造物的定位；其次，在人类与人工智能之间画一条分界线，为人工智能制定禁止性、限制性的界限；最后，在人类之间就人工智能的开发、使用过程所引起的责任作预先安排。

（二）形成“一元目标＋多元主体＋多元手段”的协同法律控制网络

对人工智能进行法律控制的要点在于形成一个“一元目标＋多元主体＋多元手段”的控制体系。所谓一元目标，指的是人类的整体安全，这是一个共同的、不可改变的目标，这是人类所持有的基本价值观之一。不论世界各国之间有多少利益冲突，不论民族之间有多少文化冲突，都不得超越人类集体安全这一共同价值观。所谓多元主体，指的是公民主体、企业主体、组织主体、国家主体、国际组织共同为人类和平与安全的目标而采取协同行动。所谓多元手段指的是多元主体使用技术、文化、伦理、法律、政治等多种手段达成共同目标。这样的一个复杂体系建构要通过法律的制度、规范、司法人员、操作程序而实现。

（三）以法律作为人工智能的终极控制手段

以法律作为人工智能的终极控制手段指以法律作为人工智能的最终控制标准。由于法律的普遍性、公义性、透明性、效力性的特征，比文化的、经济的、政治的、军事的手段都要合适作为终极的控制手段。人类社会存在以来，法治历来都是高效的控制手段，在人工智能的问题上也不例外。

（四）建构独立的法律规范形式

独立的法律规范形式指的是各主权国家要统一制定一部独立的人工智能法，对人工智能的法律属性、法律定位、法律形式进行全面规定，调整人类在研发、利用人工智能过程中所形成的各种法律关系，明确人工智能的研究开发者、制造者、使用者之间的权利义务，规定其责任范围、责任分担原则和赔偿形式。一方面可以为人工智能的发展提供可靠法律保障，另一方面可以为受人工智能损害的人提供有效的维权渠道。

（五）打造全面快捷的监管机制和责任机制

由于人工智能的发展速度十分惊人，传统的法律机制已经不能适应。因此，在人工智能的研发、生产、事故处理等方面，必须建立全面、简单、快捷的监管机制，对人工智能带来的问题进行及时处理。人工智能的责任机制也不同于一般物的责任机制，责任分担的原则也不同于一般的责任分担原则，需要建立一套合理、高效、全面的赔偿制度。

（六）建构一体化的人工智能系统工程

人工智能的发展涉及自然科学和社会科学诸多的学科知识，最深、最广地触及人类社会的方方面面，给个人的生活模式和知识体系带来不可测的影响。因此，人类社会需要在心理、伦理、技术、法律、社会等诸多层面采取一致性行动，建构一个一体化的，而非互相抵触、互相矛盾的系统工程，保证人工智能进入人类社会是安全性和美好的。

（七）联合国制定人工智能和平利用的国际公约

由于人工智能涉及各个主权国家，涉及各个社会领域，且人工智能可能对人类社会的共同安全及国际社会的秩序带来深远影响。因此，在国际层面共同探讨形成共识，采取共同行动就是必然的选择。可以采用联合国制定公约、各成员国加入、生效的形式推动。这里需要指出的是，公约的加入主体一般是国家，但鉴于国家的整体性考量很可能阻碍公约的加入和生效进程。因此，在人工智能这一问题上，有必要给企业组织和社会组织打开一个特别的途径，使那些虽然国家没有意愿控制人工智能，但企业和社会组织有意愿控制的加入公约中来，在最大限度上形成一个在共识基础上的共同行动体系。

五　人工智能法律控制的关键制度

由于人工智能是人类社会有史以来制造和使用的最高级的工具，对这种高智能、高效能的事物必须加以高度的警惕。建议采用如下法律手段进行控制。

（一）国家责任制度

人工智能只能用于和平目的。主权国家承担禁止性义务，即承诺不将人工智能应用于军事行动，人工智能不得用于武器等军事目的，禁止用人工智能对本国和他国人民进行邪恶控制。否则，国家承担全部战争责任和赔偿责任。

各主权国家有义务对人工智能进行法律控制，有义务对本国人工智能的研发、设计、制造、使用和监督采取法律手段进行限制。如不履行此种义务，则视为对人工智能承担全面国际责任，经济上承担无限赔偿责任。

（二）国家间合作制度

各主权国家有权介入他国具有整体性、危险性、威胁性的人工智能的研发、设计、制造、使用、监管和销毁事项，被介入国应当给予方便条件并予以配合。国际社会亦有权介入某主权国上述事项，有权调查某主权国的人工智能的全面情形，并根据实际情况做出建议和裁判，被介入主权国必须配合、执行。

各主权国家必须设立对人工智能进行全面监管的法律制度，以慎重和负责的态度进行全面监管，将人工智能的监管结果及时在国际上发布。

（三）信息报备公开制度

各主权国家研发和使用人工智能必须建立透明的信息公开制度。公开的范围包括人工智能研究、设计、制造、使用、销毁和监督的所有过程，公开的内容包括背景资料、技术资料、利益相关人的资料。

人工智能的研发和生产制造及使用要实行严格的报备制度。国内报备向国内主管政府机关报备；国际报备向国际人工智能组织报备。各主权国家必须设立人工智能档案制度，包括人工智能从研究设计、制造、使用、销毁和监督所有的过程，包括背景资料、技术资料、利益相关人的资料。上述档案均为永久性资料并随时公开。

（四）限制人工智能成为主体制度

除为人类整体安全的缘故，不得授予人工智能以人的主体身份，不得享有人的尊严、地位、权利，不得承担人的义务和责任。

（五）特殊约定责任及赔偿制度

对因人工智能引起的人身、财产和其他损失实行全面赔偿的原则，由人工智能的相关责任方按照比例和顺序进行赔偿，如相关责任方无力赔偿，则国家承担补充性连带无限赔偿责任。

人工智能的制造和使用者均须向保险公司购买全额保险，保证因人工智能而受到的损失能够全面赔偿。

（六）质疑阻却制度

对于人工智能，每一个国家或公民均有权提出质疑。任何一项质疑如果有充分的科学依据，则可以导致人工智能的某项开发计划、应用程序或实施过程被中止，相关制造人工智能的原材料被禁止或销毁。

（七）禁止和销毁制度

各主权国家有权禁止和销毁危险性的人工智能。国家有权根据发展需要禁止人工智能的研究、设计、制造、使用。人工智能的所有权人有权销毁人工智能。受人工智能损害的公民、法人有权要求国家和所有权人销毁人工智能。

（八）人工智能责任追究制度

各主权国家所建立的人工智能相关法律制度，必须预先安排人工智能造成不良后果的责任追究制度，确定责任范围，确定分担比例和分担原则。没有设立严格法律责任制度的国家则由国家承担全部责任，其他主权国家或者他国公民按照最高标准和数额进行索赔。

（九）终极人工决策制度

人工智能对其参与的每个过程不具有决定权，最终决定必须而且只能由人类决定，复核程序也必须是人工复核。

（十）投诉人工回复制度

当人工智能有关方面收到投诉，主管人员必须以人工方式、以负责的态度零秒初次回复，随即在处理之后再以人工的形式实体回复和全面回复。

《网络法学研究》2018 年卷
第 42 ~ 59 页

人工智能创作物可版权性质疑

——以文学创作论为分析视角*

余秀宝**

摘　要：作品既是版权保护的制度起点，又是文学活动的基本要素，因此可以从文学创作论的角度分析人工智能创作物的可版权性问题。创作作为人类精神生产的主要形式，其直接目的是要达到主体从观念上把握客体，具有目的性；作品创作完成，作者的目的为作品的目的所替代，而作品具有的多重目的并非为作者所追求，人类创作具有有目的的排目的性，版权法为此提供了不同的保护方式。人工智能的“拟主体性”决定了其“创作”没有目的、价值和意义，仅仅是在结果上可以赋予其价值和意义，具有无目的的合目的性，因此排斥版权法的保护。人类创作遵循情感先发于语言的文学叙事，这是作品获得独创性的合法根据。人工智能通过系统、模型、算法等修辞术进行的“创作”既不以情感为“创作”动机和目的，也不以情感为“创作”手段和方式，体现出情感缺位，缺乏独创性的根据和条件。人工智能创作物在形式上表现为一种数据信息，具有特定性和独立性，可以归入民事权利的客体，对其可以提供一种竞争法上的保护，但前提在于其有价值性和可交易性。

* 基金项目：国家社会科学基金项目“知识产权转让和许可使用法律问题研究”（12BFX103）。

** 余秀宝，男，1987 年 10 月生，汉族，重庆城口人，浙江省岱山县人民法院法官，主要研究方向为知识产权法，发表知识产权法等方面的学术论文近 20 篇，先后荣获第十一届“中国法学家论坛征文奖”二等奖、全国法院第二十九届学术讨论会二等奖等省部级奖励 10 余次。

关键词： 人工智能创作物　可版权性　文学创作　情感　独创性

一　问题的提出

人工智能的概念诞生于1956年的美国。目前，人工智能尚无统一的定义。一般认为，对应于自然进化所造就的自然智能，人工智能是指由人类所制造的智能，即机器的智能。[①] 根据权威教科书的解释，“人工智能（能力）是智能机器所执行的通常与人类智能有关的智能行为，此智能行为涉及学习、感知、思考、理解、识别、判断、推理、证明、通信、设计、规划、行动和问题求解等活动”。[②] 在技术领域，人工智能和智能系统研究者认为，人工智能（学科）是智能科学中涉及研究、设计及应用智能机器和智能系统的一个分支，而智能科学是一门与计算机科学并行的学科。[③] 在经济领域，人工智能被视为一种新的生产要素。如全球最大的管理咨询、信息技术和业务流程外包跨国企业——埃森哲（Accenture）在其研究报告《人工智能如何提高行业利润和创新能力》中指出，人工智能作为正在兴起的新的生产要素，它将有助于营利能力的增长。人工智能由多种技术组成，它们可以通过不同的方式组合起来以感知、理解、行动和学习。[④] 人工智能不仅在技术和经济等领域表现出强大的能力，在文学艺术创作方面也颇为夺人眼球，在小说、诗歌、音乐、电影以及绘画等创作方面都取得了不俗的成绩。2017年5月19日，由微软人工智能“小冰”创作的诗集《阳光失了玻璃窗》发布。有人悲怆地指出，连艺术创作这一块具有人类独创精神的领域也快要被机器占领了。也有人自信地认为，该诗集只是简单词语的堆砌，没有情感和灵魂的传递。但无论如何，人工智能创作物是否享有版

---

① 钟义信：《人工智能：概念·方法·机遇》，载《科学通报》2017年第22期。

② 蔡自兴、徐光祐：《人工智能及其应用》（第4版），清华大学出版社，2010，第2页。

③ 蔡自兴、徐光祐：《人工智能及其应用》（第4版），清华大学出版社，2010，第2页。

④ Mark Purdy and Paul Daugherty, “How AI Boosts Indystry Profits and Innovation”, https://www.accenture.com/t20170620T055506_w_/us-en/_acnmedia/Accenture/next-gen-5/insight-ai-industry-growth/pdf/Accenture-AI-Industry-Growth-Full-Report.pdf?la=en.

权问题由此引发了广泛的争议。“自版权制度诞生以来，科学技术的每一次重大突破，都伴随着版权产业的深刻变革，版权制度也随之调整。过去，技术的影响，更多的是体现在作品的传播和使用方式上，在版权法上的反映是作品类型、权利类型、权利限制等制度上的变化。不同的是，人工智能的影响，则体现在作品的创作上。”[①] 面对这一文学创作发展史上的重大变故，既有版权（著作权）制度无法解决人工智能创作物是否具备可版权性这一问题。笔者不揣冒昧，从文学创作论的视角解读人工智能创作物的生成机理，以期为该问题的解决提供一个参考的视角。

二 人类创作有目的的排目的性与人工智能无目的的合目的性

一提到创作，我们就会当然地想到作品（这也是版权法上的核心范畴之一）这个文学成品。[②] 从法律的角度讲，作品是版权保护的起点；[③] 从文艺理论的角度讲，作品是文学的基本要素，这为从文艺理论的角度研究人工智能创作物的可版权性问题找到了切入点。在文艺理论家看来，文学并不是以成品这种形式而存在的，它是以活动的方式而存在的，文学即是一种活动。20 世纪的西方文论中尤其强调作品的价值，美国新批评派的代表人物兰塞姆（J. C. Ransom）就认为，文学活动的本体在于作品而非作者或是其他。美国当代著名文艺学家 M. H. 艾布拉姆斯在《镜与灯——浪漫主义文论及批评传统》一书中提出了文学四要素的著名观点，其认为文学作为一种活动，总是由作品、作者、世界、读者这四个要素组成的。[④] 这一观

① 易继明：《人工智能创作物是作品吗》，载《法律科学》2017 年第 5 期。

② 我国著作权法上的作品，包括文学、艺术和自然科学、社会科学、工程技术等作品，本文基于文学创作论的角度，主要指文学作品。

③ 版权法作为一种权益分配机制，其权益的来源正是受保护的作品。参见刘远山、余秀宝《著作权侵权损害赔偿要论》，载《行政与法》2011 年第 5 期。

④ 〔美〕M. H. 艾布拉姆斯：《镜与灯——浪漫主义文论及批评传统》，郦稚牛等译，北京大学出版社，1989，第 5 ~6 页。

点被文学理论界广泛接受，并产生了深刻的影响。在文学四要素中，世界指我们的社会生活，作者通过对社会生活的原料进行艺术创造，最终变成作品，作品、作者、世界、读者构成一个整体的循环结构（如图1）。在这一结构中，作品成为连接世界、作者和读者之间的桥梁。研究作者如何根据社会生活进行艺术创造的过程和规律，形成了文学创作论。

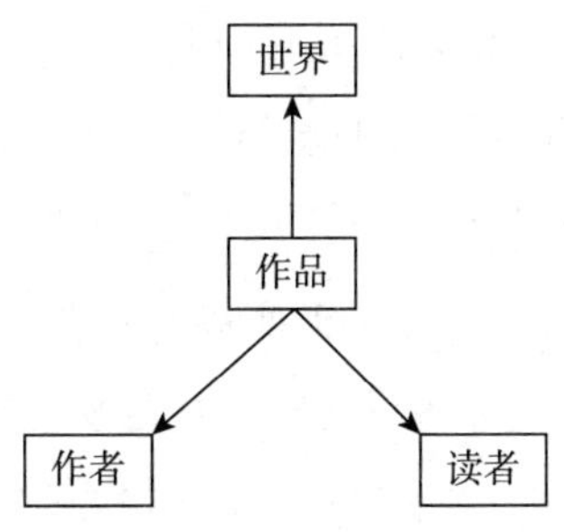

图1　文学四要素结构图

马克思曾说，人掌握世界有四种方式——理论的、艺术的、宗教的、实践—精神的。文学创作属于人们艺术地掌握世界的方式。[①] 因而，文学创作活动是人类的一种特殊的美的审视与美的创造活动。[②] 这决定了文学创作作为一种生产方式的特殊性首先在于它是一种精神生产。文学创作作为精神生产之一种，始终表现为精神个体性的形式，满足于个体的自由创造，是富于个性的自由创造活动，因而马克思称之为“自由的精神生产”[③]“真正自由的劳动”[④]。这个生产过程是作者主观过程客观化的过程。创作作为人类精神生产的主要形式，是一种观念性活动，具有鲜明的个体性特征。创作的直接目的是要达到主体从观念上把握客体，以观念形态再现和建构客体，以满足人们精神生活的需要。[⑤] 为达致这一目的，创作主体或是抒发

① 马克思：《〈政治经济学批判〉导言》，载《马克思恩格斯选集》（第2卷），人民出版社，1976，第104页。

② 杨春时、俞兆平、黄鸣奋：《文学概论》，人民文学出版社，2002，第185页。

③ 马克思：《剩余价值论》，载《马克思恩格斯全集》（第26卷第1册），人民出版社，1972，第296页。

④ 《马克思恩格斯全集》（第46卷下），人民出版社，1980，第113页。

⑤ 曹世华：《版权理论中的创作概念》，载《法学研究》1997年第6期。

感情，或是鞭挞时弊，或是表达哲理，或是记事回顾，或是传递信息，不一而足。但是，一旦完成主观客观化，作品表现的内容就不仅仅是创作主体意欲抒发的感情、鞭挞的时弊、表达的哲理、记录的事实、传递的信息，它从个体的吐露、个性的凝固升华为人类共存的关于生命的体悟，成为一般的概念化的符号。当作品创作完成之日，也就是作者主观领域客观化过程结束之时，作者进而从其作品中解放出来。[①] 美国著名文艺理论家苏珊·朗格就曾指出："一个艺术家表现的是情感，但并不是像一个大发牢骚的政治家或是像一个正在大哭或大笑的儿童所表现出来的情感。艺术家将那些在常人看来混乱不整的和隐蔽的现实变成了可见的形式，这就是将主观领域客观化的过程。但是，艺术家表现的绝不是他自己的真实情感，而是他认识到的人类情感。一旦艺术家掌握了操纵符号的本领，他所掌握的知识就大大超出了他全部个人经验的总和。艺术品表现的是关于生命、情感和内在现实的概念，它既不是一种自我吐露，又不是一种凝固的'个性'，而是一种较为发达的隐喻或一种非推理性的符号。"[②] 由此，作者通过作品"直抒胸臆"，其带有无可置疑的目的性，一旦作者从作品中抽离，其本来的目的就完成使命而退出作品的舞台，作品自身表现出不同的目的，甚至是多重不同的目的，这些目的在创作主体看来是无法预测且无须预测的，从而也就无须在创作过程中刻意揣度作品可能的目的。因此可以说，作者在创作时，是有着强烈的目的的，而创作完成后，作品可能表现出的作者的一些目的，作者又是排斥的，即人类创作具有有目的的排目的性。无论是作者创作本身的目的，还是作者所排斥的目的，都是作者主体精神在作品中的客观化反映。这反映在法律制度层面上就是，著作权法对作者人格的保护并不是直接进行的，而是间接地予以保护。例如《德国著作权法》就规定："著作权保护作者与作品之间以及作品使用过程中的精神及人身关

---

① 余秀宝：《论著作人身权与作者的分离》，载《电子知识产权》2012 年第 9 期。

② 〔美〕苏珊·朗格：《艺术问题》，腾守尧、朱疆源译，中国社会科学出版社，1983，第 25 页。

系。”在德国学者看来，“尽管著作权法是与作品联系在一起的，但是它也间接地保护与创作行为有关的作者人格”。[①]

除此之外，作者创作有目的的排目的性还关涉作者的主体性。作者的主体性，“包括作家的实践主体性与精神主体性。实践主体性是指作家在创作实践过程中（包括为创作做准备的感受生活的实践）的实践能力，主要是作家的表现手段和创作技巧；而精神主体性，则是指作家内在精神世界的能动性，也就是作家实践主体获得实现的内在机制，如作家创作的动机，作家在创作过程中的情感活动等等”。[②] 作者的实践主体性是达致目的的方式，作者的精神主体性是达致目的的路径。这好比一个人从家里到公园散步一样，从家里到公园可供选择的多条道路是这个人散步的路径，而以怎样的步伐和速度到达公园则是这个人散步的方式，前者体现散步者的精神能动性，后者体现散步者的实践能力。在创作过程中，作者的实践主体性是有目的的，并且作者往往会刻意追求这种目的；在精神主体性方面，尽管作者在创作一开始也带有目的，但创作完成后，其一开始的目的就不复存在，存在的是作品本身带有的多重目的，是排目的的。在法律层面上，对这一有目的的排目的性的保护模式是存在差异的。对作者实践主体性的保护方式主要是靠著作人身权（精神权利）来完成的，如对表现手段和创作技巧的破坏，可能构成侵犯作者的修改权、保护作品完整权等权利；而对作者精神主体性的保护方式则主要不依版权法来保护，如对作家创作动机的攻击、创作情感的恶意解读，则可能承担民法上侵犯一般人格权的民事责任。

人工智能的本质是一种具有社会性的智能，其目标是要建造能够表现出一定智能行为的真体（agent），也可称为人工智能系统。人工智能系统的工作原理可以简括为“客体信息→感知信息→知识→智能策略→智能行为”

---

① ［德］M. 雷炳德：《著作权法》，张恩民译，法律出版社，2005，第5页。

② 刘再复：《论文学的主体性》，载《文学评论》1985年第6期。

这一技术路线。[①] 就创作而言，人工智能体的思维模型为：通过人工干预，将客观存在的信息（客体信息）作用于人工智能体，人工智能体根据其预设目的做出智能决策，并通过智能行为（表现为创作物）反作用于客体信息。人工智能的创作过程，大抵以大量文本语料（信息）的数据为基础，通过快速阅读并形成表达意思的专题模板（知识），最后通过语言模型进行加工合成（智能）。[②] 例如，一种关于 NBA 赛事新闻的自动写作软件，其设计过程为："首先根据两支球队的比分差，构建比分差函数，并提出基于比分差函数性质的数据分片算法和数据合成算法；然后对数据片进行分类处理，根据数据片的类别以及历史 NBA 赛事的新闻报道，构建 NBA 赛事报道模板库，并以球队和球员的表现为中心，将数据片的信息填入已构建好的模板，得到一篇自动生成的 NBA 赛事新闻稿"。[③] 在这个"创作"过程中，人工智能（体）在给定特定的信息情形下，按照事先预设的程序、模型和规则，产出具有价值的信息。这种人工智能的创作可通过自动的认知、决策和行为执行任务（暂且不论其实现条件），这使其在一定程度上显示出某种"主体性"，成为一种介于人类主体与一般事物之间的实体。但是，学术界多数研究者认为，由于人造机器没有自身的目的（机器的工作目的都是非常特定的，而且都是人类设计者设置的，而不是机器自己生成的，所以和人类的目的性质完全不同），也没有自身积累的知识（机器知识库的知识都是特定领域的，都是人类输入的，而且往往是不完备的；虽然机器可以具有一定的学习能力，但也只是针对特定领域的学习），机器难以具备直觉能力、想象能力、灵感和审美能力。[④]

人工智能的"创作"仅仅属于功能性的模仿，而不是基于自我意识、自由意志的能动性创作，尚未形成独立的主体，仅表现为一种"拟主体

① 钟义信：《人工智能：概念·方法·机遇》，载《科学通报》2017 年第 22 期。

② 吴军：《智能时代》，中信出版集团，2016，第 314 ~ 315 页。

③ 陈玉敬、吕学强、周建设、李宁：《NBA 赛事新闻的自动写作研究》，载《北京大学学报》（自然科学版）2017 年第 2 期。

④ 钟义信：《人工智能："热闹"背后的"门道"》，载《科技导报》2016 年第 7 期。

性”。而“拟主体性”会表现出某种逆悖性：一方面，它们可能实际上并不知道自己做了什么、有何价值与意义；另一方面，至少在结果上，人可以理解它们的所作所为的功能，并赋予其价值和意义。① 这种逆悖性可以称作“无目的的合目的性”。所谓“无目的”，是说人工智能的“创作”既无伦理、功用、欲望等主观意志方面的目的，又无概念、逻辑等客观认识方面的目的，既与实践理性不同，又与纯粹理性不同。凡“目的”总是与需要、利害相联系的，所以“无目的”也就没有利害感，既无官能的或是道德方面的利害感，也没有理性方面的利害强迫我们去判断，因而这种“无目的”的判断就是一种超脱的自由的意识。② 从审美的意义上讲，人工智能创作物产生之后，其以话语符号的形式表现在人们面前，总能向读者传递语言本身所蕴含的信息，读者总是基于自身的知识储备、情感立场、功利取舍、道德基准等评判、体验创作物本身，并赋予其功能上的意义，这就产生了读者与人工智能创作物之间的利害感，又符合文学作品本身的审美体验，从而呈现出一种“合目的性”。所以说，从人工智能“创作”的过程来讲，它是无目的的；而从人工智能“创作”的结果来讲，它又是合目的的。它与人类创作“以最强烈和最持久的方式体现出其作者的个性，作者则在其作品中‘生存’并超越自我”③ 形成鲜明对比。退一步讲，即便承认人工智能这一“拟主体性”的实践主体性和精神主体性，当发生人工智能创作物侵犯其创作主体之主体性时，尤其是侵犯其精神主体性时，会产生这样不可接受的情形，即明明出现了侵犯行为，却找不到侵犯的对象和需要承担责任的依据，因为人工智能不具备精神利益，也不可能将侵犯的对象追溯到人工智能的设计者、所有者或使用者，因为侵犯行为的确没有针对这些主体。由此似乎不难得出，人工智能无目的的合目的性排斥版权法给予的保护。

① 段伟文：《人工智能时代的价值审度与伦理调适》，载《中国人民大学学报》2017 年第 6 期。

② 辛潮：《审美经验的“无目的的合目的性”》，载《辽宁师范大学学报》1985 年第 6 期。

③ 〔西班牙〕德利娅·利普希克：《著作权与邻接权》，联合国教科文组织译，中国对外翻译出版公司，2000，第 112 ~ 113 页。

三　情感先发于语言的文学叙事与人工智能修辞术的情感缺位

文学创作作为一种生产，是人与世界（即主客体间）的特定关系的反映。文学创作的客体，即文学反映的对象，是关系文学的根本问题。[①] 关于文学创作的客体，存在不同的学说。“自然说”认为，文学的客体是独立于人的自然，即社会生活。古希腊亚里士多德在其《诗学》中认为，史诗、悲剧、酒神颂以及大部分双管箫乐、竖琴乐，都是模仿自然事物的结果。[②] 南北朝时期的刘勰在《文心雕龙》中认为：“言之文也，天地之心哉！”[③] 这些都表明文学的客体是天地自然。“情感说”认为，文学是人的内心世界的表现，文学客体即人的心灵。英国浪漫主义诗人华兹华斯说：“诗是强烈情感的自然流露。它起源于在平静中回忆起来的情感。”[④] 苏珊·朗格将艺术定义为：“艺术乃是象征着人类情感的形式之创造。”[⑤] 在中国古代，西晋的陆机在《文赋》中提出“诗缘情而绮靡”，肯定了文学的主要表现对象是情感。“社会生活说”认为，社会生活是文学创作的客体，是文学创作的唯一源泉，离开了这个客体，就没有文学创作。[⑥] 社会生活“是一切文学艺术的取之不尽、用之不竭的唯一源泉。这是唯一的源泉，因为只能有这样的源泉，此外不能有第二个源泉”。[⑦] 以上三种学说关于文学创作的客体虽有不同的认识，但有一点是共同的，即文学创作的对象都是作者体验过的对

---

① 童庆炳：《文学理论教程》，高等教育出版社，1998，第 103 页。

② 亚里士多德：《诗学》，见《诗学·诗艺》，人民文学出版社，1982，第 3 页。

③ 刘勰：《文心雕龙注》（上），范文澜注，人民文学出版社，1958，第 2 页。

④ 华兹华斯：《〈抒情歌谣集〉1880 年序言》，载伍蠡甫《西方文论选》（下册），上海译文出版社，1979，第 17 页。

⑤ 苏珊·朗格：《情感的象征符号》，载《美学译文》（第 3 辑），中国社会科学出版社，1984，第 124 页。

⑥ 童庆炳：《文学理论教程》，高等教育出版社，1998，第 106～107 页。

⑦ 毛泽东：《在延安文艺座谈会上的讲话》，载《毛泽东论文艺》，人民文学出版社，1958，第 64 页。

象，只有作者体验过的客体，才能成为文学创作的实际客体。这种体验是审美体验，主要是情感体验。所以，“文学对象是经过作家的体验而成为情感化了的客体”。“文学活动是通过人对世界的情感体验、感受、评价，力求表达主体对世界的主观感受和认知，并将这种感受和认知传达给别人，以满足自己和他人的情感需要，其生产成果，主要体现为人的情绪、情感的物化形态。”① 在我国古代，很早就认为作品是作者情志的表现。如《尚书·尧典》云：“诗言志。”《毛诗序》曰：“诗者，志之所之也，在心为志，发言为诗。”这些议论都表达了作者情感之于作品的决定意义。

作者的审美体验作用于客体进行创作的过程可以描述为：客体映入作者视野→作者产生情感→情感作用于客体→作者选取表达符号→符号汇集成作品。由这一过程可以看出，人类文学创作遵循了情感先发于语言的叙事结构。这在19世纪的西方文论上也可以体现出来。19世纪浪漫主义艺术理论尊崇的表现说认为：作品“本质上是内心世界的外化，是激情支配下的创造，是诗人的感受、思想、情感的共同体现。因此，一首诗的本原和主题，是诗人心灵的属性和活动；如果以外部世界的某些方面作为诗的本质和主题，也必须先经诗人心灵的情感和心理活动由事实而变为诗”。“诗的根本起因是一种动因，是诗人的情感和愿望寻求表现的冲动，或者说是像造物主那样具有内在动力的‘创造性’想象的迫使。”② 知晓了情感先发于语言的文学叙事这一原理后，还要明白情感先发于语言作用于创作客体对作品独创性的影响。我们知道，作品反映的世界并不等于世界本身，作品中体现的情感也并不完全等同于作者内心的真实感受，作品恰好又把这两种不同均表现了出来。作品表现出的与现实世界的不同、与作者真实感受的差异，既是其短处又是其长处。其短处在于作品创作不能原本地再现现实，其长处在于作品创作可以超越世界的本真状态，去创造更具普遍性、

① 童庆炳：《文学理论教程》，高等教育出版社，1998，第102、110页。

② 〔美〕M. H. 艾布拉姆斯：《镜与灯——浪漫主义文论及批评传统》，北京大学出版社，1989，第25~26页。

更具深层的意蕴。由于作者对不同于世界的特性有自觉的认识，作者在作品上体现的创造性因而具有合法性。[①] 这就不难理解，版权法上受保护的作品，创造性乃其先决条件。作者的不同情志，体现于对不同于世界的特性有自觉的认识，这种认识因人因时而异，是带有绝对个性的，也是不可模拟或复制的。所以可以说，情感先发于语言的文学叙事，是作品获得独创性的唯一正当根据，因此版权法保护这种独创性具有合法性和正当性。

人工智能的“创作”过程则不遵循这一规律，这在前文关于 NBA 赛事新闻的自动写作及其相关分析上可见一斑。再以一种汉语格律诗写作软件的“创作”为例加以分析。这种汉语格律诗写作软件的生成原理为：首先，用户输入若干关键词，系统根据事先设置的词汇库和统计语言模型自动地生成若干首句候选；其次，将格律诗的上下句关系映射为源语言到目标语言的翻译关系，基于短语的统计机器翻译模型，根据若干候选的首句，把诗歌的上一句作为输入以“翻译”生成下一句。在这个过程中，每生成一句，其依据的信息不仅仅是上一句诗，而是追溯到首句诗，还包括用户输入的关键词，以使所生成的诗歌在意境上具有整体一致性。[②] 由此可以看出，人工智能诗歌“创作”停留在从语言到语言的循环往返过程，其“意象”的选取、“意境”的营造、“意思”的表达，都依赖于语言本身所表示的含义。尽管在“创作”难度相对较低的时事新闻写作领域，经由人工智能复杂的算法处理后产出的财经和体育类新闻报道，大多数读者都无法将其与人类记者生产的新闻区别开来，但其仍是基于少数几种有限的模板，风格和语调较为生硬。[③] 由此看来，人工智能的“创作”机理更加注重修辞术的安排和运用，人工智能创作物终将以语言的形式表现出来。人工智能通过系统、模型、算法等修辞术进行的“创作”其本身是不带有任何情感色彩的，它既不以情感为“创作”的动机和目的，也不以情感为“创作”

① 童庆炳：《文学理论教程》，高等教育出版社，1998，第 30 页。

② 何晶、周明、蒋龙：《基于统计的汉语格律诗生成研究》，载《中文信息学报》2010 年第 2 期。

③ 邓建国：《机器人新闻：原理、风险和影响》，载《新闻记者》2016 年第 9 期。

的手段和方式。其“创作”的开端、过程和结果，均源于人工智能获得了其可识别的数据，再根据这些数据产生出新的数据，只要预设的模型和算法可以无限次地不重复地运行，人工智能就可以产生无限量的不雷同的数据，只不过这些数据最终以语言符号的形式表现了出来。

在人类的创作过程中，语言之于情感表达的有效性都是值得怀疑的。18世纪苏格兰宗教学家休·布莱尔在其《论纯文学与修辞的演讲》中认为："激情往往通过简短的、破碎的、断断续续的语言表达出来，这是与人们心灵中强烈的、散乱的情感相应的。"① 在这方面，18世纪欧洲情感小说叙事上的碎片化特征即是著例。这种碎片化叙事表现为主要情节的断裂、时间顺序的混乱安排、偏离主题的内容植入，利用空行、空页、符号等元素取代文字叙述。② 这些学说和现象表明，情感和语言的关系在人类创作中尚且无法找到完全契合的对应关系，更遑论在无情感机制介入而只有符号计算的人工智能"创作"中了。因此，人工智能创作物所表达的情感的有效性和合法性就更加值得怀疑。也因此，在很多人工智能创作物中，根本就难以找到情感的体验和表达。所以一些人工智能创作物并不为读者所爱好和接受。如一名美国记者曾与新闻写作机器人进行了一场比赛，双方以同一主题撰写一篇新闻稿，机器人用时2分钟，记者却用时7分钟。但在公众投票过程中，机器人只获得了912票，记者却获得了9916票。

四　人工智能创作物独创性标准的分析缺陷及竞争法保护之选

随着数字网络技术的飞速发展，版权人权利的实现正逐步由“复制权

① Hugh Blair, *Lectures on Rhetoric and Belles Lettres*, Ⅱ (Edinburgh: W. Strahan, T. Cadell, and W Creech, 1783), p. 510. 转引自朱研《十八世纪欧洲情感主义思潮与文学现代性的起源》，博士学位论文，西北大学，2016。

② 朱研：《十八世纪欧洲情感主义思潮与文学现代性的起源》，博士学位论文，西北大学，2016。

中心”向“传播权中心”转变，版权的所有者、传播者和使用者三者正经历着利益格局的全新调整。互联网技术每一小的进步，都给版权司法实践带来很大的冲击。[①] 为了应对这样的冲击，当前学界对人工智能创作物开展了卓有成效的研究。关于人工智能创作物可版权性问题的研究，大多从“作品”这一基本范畴出发，进而论证其是否符合版权法上作品之要件。在版权法上，作品的构成要件包括表达和独创性两个方面。前者是指人们对于某种思想观念、客观事实、操作方法（简称思想观念）的表达；后者是指作者独立创作了相关的作品，并且将自己的思想、情感、精神和人格等要素融入了相关的作品之中。[②] 在美国版权法上，独创性的门槛较低，作品仅需表现出较少的独创性并固定于有形的表现媒介即可获得版权保护。[③] 一般认为，在英美法系的版权法上，只要是作品来自作者就满足了独创性的要求。而依据欧洲大陆的著作权法体系，相关的作品不仅应当来自作者，而且应当带有作者的某种精神或者人格的印迹。只有当有关的表达体现了作者的情感、精神和人格的时候，才可以成为受保护的作品。[④] 在讨论人工智能创作物是否具有独创性这一问题上，学界出现了肯定说和否定说两种不同的认识。

（一）肯定说

该说认为，人工智能创作物符合作品的独创性标准，构成版权法意义上的作品。应该在法律上明确人工智能创作物为知识产权的新客体。[⑤] 易继明教授认为，版权法中的独创性判断标准，应当向一种客观化判断标准倾斜，即从形式上考察其是否与现存的作品表达不一样，并在人类自己所创

① 余秀宝：《视频聚合 APP“深度链接”行为性质的司法认定》，载《社会科学动态》2018 年第 3 期。

② 李明德：《论作品的定义》，载《甘肃社会科学》2012 年第 4 期。

③ Peter S. Menell, Mark A. Lemley, Robert P. Merges, *Intellectual Property in the New Technological Age* 2017 (Aspen Law & Business, 2017), p. 488.

④ 李明德：《论作品的定义》，载《甘肃社会科学》2012 年第 4 期。

⑤ 梁志文：《论人工智能创造物的法律保护》，载《法律科学》2017 年第 5 期。

设符号意义上是否能够解读出具有“最低限度的创造性”。照此标准，人工智能创作物符合形式上的作品要件，可构成版权法上的作品，从而受版权法的保护。[①] 吴汉东教授认为，“作品是作者自己的创作，完全不是或基本上不是从另一作品抄袭来的”，即满足作品的独创性标准。“人工智能生成之内容，只要由机器人独立完成，即构成受著作权保护的作品，至于其用途、价值和社会评价则在所不问。”[②] 在持肯定说的学者中，如何安排人工智能创作物的权利归属问题，出现了将其纳入作者权体系或者邻接权体系之分歧。有学者认为，机器人作品享有著作权，但机器人并不能像自然人作者或法人作者那样去行使权利，可参照著作权法关于职务作品或雇佣作品的规定，由创制机器的“人”去享有和行使权利。换言之，该项著作权应归属于机器人的创造人或所有人。[③] 也有学者认为，人工智能创作物的权利应归使用者享有。由于使用者是作品的实际创作者，而程序只是作为实现创作目的的工具。使用者使用该程序的目的在于创作出符合独创性要求的作品，从这个意义上来说，其具有创作的主观意图。此外，使用者对于最终创作物如果进行了选择、编排，可以成为创作物的“作者”。[④] 还有学者认为，狭义的版权旨在保护真正的创作，而邻接权则旨在保护投资者。人工智能创作物由于不存在一个确切的、需要受到法律保护的创作者身份，授予人工智能创作物以狭义的版权，也许会导致我们偏离了版权法的立法宗旨。因此，应将人工智能创作物纳入邻接权系统。就产业经济形势而言，将智能作品的广义的版权授予人工智能的所有者或者使用者，可能是一种较为实际和合理的选择。作为投资人的人工智能所有者或者使用者，促进了人工智能产业的发展，理所应当地成为邻接权制度保护的权利主体。设计者对人工智能的“智能设计”本身享有版权，智能作品是一种演绎行为，

---

① 易继明：《人工智能创作物是作品吗》，载《法律科学》2017 年第 5 期。

② 吴汉东：《人工智能时代的制度安排与法律规制》，载《法律科学》2017 年第 5 期。

③ 吴汉东：《人工智能时代的制度安排与法律规制》，载《法律科学》2017 年第 5 期。

④ 孙那：《人工智能创作成果的可版权性问题探讨》，载《出版发行研究》2017 年第 12 期。

符合邻接权的特征。[①]

（二）否定说

该说认为，人工智能创作物是应用算法、规则和模板的结果，同一人工智能体由不同人员操作，或者在不同载体上操作，其产生的结果往往没有多大区别。人工智能通过对大量数据的分析，找出事物运行的规律，对相同的原始材料，运用相同的策略进行处理，其结果具有高度的可重复性，对策略的应用不具备个性化的特征。因此，人工智能创作物不符合独创性的要求。目前，人工智能本质上是应用人的智能，其创作过程并不涉及创作所需的智能，不能成为受版权法保护的作品。[②] 例如，机器人记者撰写的新闻报道，往往只是按新闻六要素搭建起来的对事实的简单描述，而缺乏对事实的深度评论，只能被归于不受版权法保护的单纯事实消息（时事新闻）；而机器翻译所依凭的只有基本的词典释义和语法规则，无法与具体语境相匹配，更遑论对翻译“雅”的要求。[③]

从作品独创性标准论证人工智能创作物可版权性问题会面临不可回避的缺陷。若论证者认为人工智能创作物值得版权法保护，则可尽力证明其符合作品独创性标准。反之，则想方设法论证其不符合作品独创性标准。如有学者认为，随着人工智能生成的内容越来越多，如果不明确界定其属性和权利归属，将引发大量版权法律争议，冲击既有版权制度。例如，人工智能生成的内容将成为新类型的“孤儿作品”和“无主作品”，任何人可以随便使用，这既不利于激励新作品的创作和新人工智能的开发，也无益于版权市场的合规性和稳定性。[④] 也有学者认为，如果不对这些成果给予版权法上的保护，其后果是大量的具有独创性内容的成果将会进入公有领域，人类将会有大量的免费优质内容可以使用，不需要再通过付费获取内容，

① 易继明：《人工智能创作物是作品吗》，载《法律科学》2017年第5期。

② 王迁：《论人工智能生成的内容在著作权法中的定性》，载《法律科学》2017年第5期。

③ 白帆：《机器人“记者”享有著作权吗》，载《中国新闻出版报》2015年2月11日。

④ 熊琦：《人工智能生成内容的著作权认定》，载《知识产权》2017年第3期。

进而损害了人类创作者的版权获利，从长远来看会挫伤版权人的创作积极性。[①] 正是基于这样的前提假设，再进一步从结论出发，证明其符合版权法上的独创性，进而认为其属于受版权法保护的作品。人工智能创作物作为一种新生事物，似乎有必要问一下：即便其符合受众认为的独创性标准，就一定构成作品吗？这一问题从版权法的角度似乎难以解答，这也从侧面证明了文学创作论这一角度论证人工智能创作物可版权性问题的合理性。

从实证法意义上讲，作品在本质上是人的思想情感的表达，版权意义上的作品应当是属于人的智力创造活动所产生的成果。[②] 由计算机制作的资料等非由人类“创作”的东西，不属于版权法意义上的“作品”，不属于版权法保护的范围。[③] 这也是我国著作权法上的基本要求：“创作作品的公民是作者。”（《著作权法》第 11 条第 2 款）因此著作权法上否认了自然人以外的主体能够实施创作行为，明确了创作主体的自然人身份。[④] 日本知识产权战略本部在一份报告中认为，在目前的知识产权制度上，人工智能自动生成的内容和信息，不能成为权利保护的对象。人工智能自律性的创作物（与作品相关的信息），因为不是“创作思想或感情表现的东西”（《著作权法》第 2 条第 1 项），所以不产生著作权。[⑤] 在美国，版权法保护的作品必须是由人类创作的，美国版权局不会登记那些没有任何人类作者（human author）创造性的投入或参与，由机器或者单纯随机、自动地机械加工生成的作品。[⑥] 2002 年在 *Desktop Marketing Systems Pty Ltd v. Telstra Corporation Ltd* 一案中，澳大利亚联邦法院合议庭法官佩勒姆（Perram）法官称，如果人类对软件程序的控制可以被视为对创作作品的调整和塑造，那么将该人

① 孙那：《人工智能创作成果的可版权性问题探讨》，载《出版发行研究》2017 年第 12 期。

② 张今：《著作权法》，北京大学出版社，2015，第 13 页。

③ 李明德、许超：《著作权法》（第 2 版），法律出版社，2009，第 29 页。

④ 易继明：《人工智能创作物是作品吗》，载《法律科学》2017 年第 5 期。

⑤ 知的财产战略本部：《知的財産推進計画》（2016 年 5 月），第 8 页，https://www.kantei.go.jp/jp/singi/titeki2/kettei/chizaikeikaku20160509.pdf。

⑥ See US Copyright Office, Compendium of the U. S. Copyright Office Practices (3rd Edition), pp. 16 ~ 17. https://www.copyright.gov/comp3/docs/compendium.pdf.

作为计算机软件所创作作品的作者并无不妥。但如果操作软件程序的人并不能控制最终创作之作品的物质形式，那么在这种情形下，该人不得被视为作者，该创作物亦不能被视为版权法上的作品。[①]

既然实证法不为人工智能创作物提供保护，倘若因人工智能创作物而产生纠纷，法律是不是就对此无能为力了呢？情况也没有这么糟糕。笔者认为，人工智能创作物可以作为一种信息，提供竞争法上的保护。版权的目的是从法律角度提供一种激励因素，其不仅对创造性写作进行保护，还对作品的传播提供保护。尽管人工智能创作物无法成为版权法上的作品，但其外在形式、存在方式、传播途径，甚至是功能用途（指有价值的人工智能创作物）都与作品有实质性的相似之处，这决定了需要为其提供类似于版权的必要的保护。在普通法系的版权立法中，经济观点总是处于突出的地位。[②] 因为只有保证投资者有利可图，才能指望他们会为此承担经济风险，而提供这种保证的最好方法是使投资者和生产者对其制造和出版的产品拥有权利。[③] 对人工智能创作物进行法律保护的落脚点和归宿点应在于保护人工智能投资者有利可图，以进一步促进技术和产业的发展。当前，物质生产和精神生产互相渗透、互相融合。技术文明和商业形态的高度发展进一步模糊了物质生产和精神生产的界限，甚至广泛地出现了从事物质生产的目的就是创造精神产品，以及从事精神生产的目的就是制造商品的现象。比如，在商品社会中，影视生产也是商品生产，它是资本的简单再生产和扩大再生产在影视工业中的体现。[④] 因此，物质生产与精神生产区分的意义从绝对性走向了相对性。在版权制度实践中，“智力活动”成果只涉及

① Jani Mc Cutcheon, “The Vanishing Author in Computer-Generated Works: A Critical Analysis of Recent Australian Case Law”, *Melbourne University Law Review* 36, (3) (2013), p. 927. 转引自易继明《人工智能创作物是作品吗》，载《法律科学》2017年第5期。

② 英美法系国家的版权法最初认为版权仅具有财产权性质，作者的精神权利按一般人格权加以保护。参见余秀宝《论著作人身权的性质——以著作人身权的非人身性和财产性为视角》，载《广东工业大学学报》（社会科学版）2013年第3期。

③ 中国版权研究会：《版权研究文选》，商务印书馆，1995，第202页。

④ 丁亚平：《艺术文化学》，文化艺术出版社，1996，第305页。

精神生产领域。人工智能创作物作为物质生产和精神生产领域的模糊地带，探讨其是否应受版权法的保护存在难以逾越的障碍。然而，人工智能创作物在形式上表现为一种数据信息，这种数据信息具有特定性和独立性，因此可以归入民事权利的客体。目前的法律体系可以为这种权利客体提供一种竞争法上的保护。人工智能创作物信息受竞争法保护的前提在于其有价值性、可交易性，可以视为一种独立的财产。将人工智能创作物纳入竞争法领域进行保护，无须考虑其是否具备版权法上的独创性要件，只需判断其是否具有价值性和可交易性即可，这种保护模式既不需要修订现有版权法的规定，也能为人工智能创作物提供较高程度的保护，且不会对现有法律制度造成冲击，是一条可取的路径。

《网络法学研究》2018 年卷
第 60 ~ 83 页

人工智能体危害行为的刑法规制问题研究

张洪岗*

摘　要： 人工智能已经成了这个时代的宠儿，并且随着科技的进步，这种现象将更加常态化。但是，人工智能在应用过程中的法律地位不明、造成的危害后果责任归属不清等法律风险也随之而来。然而学者对此的研究路径通常是，遵循人工智能一般划分规则来分类进行研究，即以“算法繁简度和学习能力大小”为标准，将其划分为“弱人工智能”“强人工智能”“超人工智能”三种，这种分类研究的思维视角值得赞许，但是不得不提的是刑法作为惩罚犯罪的法律，其实质是对具有法益侵害性或者威胁性的行为进行规制，而且这种行为及其对社会所造成的危害性又必须为犯罪人所控制和辨认。单纯按照传统人工智能“智能程度”的划分进行研究，会使得刑法对于人工智能调整范围的界限变得模糊不清，所以，我们有必要结合刑法原理，以人工智能体是否具有“意志因素”为标准，重新将人工智能体的发展阶段分为两类，即隶属型人工智能体和自主型人工智能体。将隶属型人工智能体排除于犯罪主体范围之外，将其拟制为无刑事责任能力的精神病人，同时引入设计者或者使用者的过失责任，而对自主型人工智能体而言则适时赋予其犯罪主体资格。

关键词： 人工智能　犯罪主体　法律拟制　过失责任

* 张洪岗，中南财经政法大学法律硕士研究生。

一　人工智能体与人工智能

（一）人工智能体的发展概况

1950 年，阿兰·图灵在其经典著作《计算机器与智力》（Computing Machinery and Intelligence）的开篇就提出：机器能思考吗？但他认为这样的问题并不值得讨论，因为很难去精确地定义思考，所以图灵提出了他的模仿游戏，即图灵测试。图灵测试的核心是计算机能否在智力行为上表现得和人无法区分，[①] 这也是人类第一次从行为主义角度思考机器人的智力问题。1956 年约翰·麦卡锡首次使用“人工智能”（Artificial Intelligence，AI）概念，他认为人类智能（Human Intelligence）作为人工智能概念确定的前提，最终目的是让计算机程序控制下的人工智能实现模拟人类解决问题的能力，由此诞生了一个以研究如何用机器来模拟人类智能的新兴学科。特别是最近几年“深度学习”概念的火热，都昭示着人工智能无疑将成为未来技术发展的新趋势。

如果按照算法的复杂性和学习、运算能力对人工智能种类进行划分，这在技术认知上没有任何问题，但在法律上却很难按照计算机学科一样给出人工智能准确的定义，而且也没有必要如此，因为法律应对复杂世界的方式是确立一般性的简单规则，是在概念上对事物进行抽象假定、概括，否则将因构成规则体系本身的概念的晦涩难懂，使得法律规则难以进行与操作。所以，简单来说，从过去和未来来看，人工智能必将经历三个阶段，即弱人工智能阶段、强人工智能阶段以及超人工智能阶段。[②]

弱人工智能（Weak Artificial Intelligence，Weak AI），或者称之为狭义

① Alan Turing，Computing Machinery and Intelligence（J）. 236 Mind 433（October 1950）.

② 何哲：《人工智能时代的社会转型与行政伦理：机器能否管理人》，载《电子政务》2017 年第 11 期。

人工智（Artificial Narrow Intelligence，ANI），即是指人工智能只能够在某一方面的人类工作上协助或者替代人类，如图像识别、信息检索、信息判断等，而不具备全面复合自我学习能力，无法全面地与人类智慧相比。比如战胜李世石、柯洁这类围棋世界冠军的 AlphaGo，除了下围棋外，对其他领域一无所知。[①]

强人工智能（Strong Artificial Intelligence，Strong AI），又称为通用人工智能（Artificial General Intelligence，AGI），是指人工智能体具备了普遍的学习和自我适应训练能力，具有高度的对外界环境的感知和对新事物的理解与学习能力，能够自我学习新的领域、自我完善的人工智能。但是对于人类的复杂生物学特质——情感、情绪、心理特质等，依然无法全面地了解。

超人工智能（Artificial Super Intelligence，ASI），是指在强人工智能的基础上，通过海量的数据整合和高度的学习与自我进化能力，具有的远远超越人类智慧水平的人工智能。[②] 在该阶段，机器的智能程度远远超过人类，以至于人类既无法控制机器，也无法理解它们的想法。换句话说，未来可能会有机器比我们人类更加聪明，甚至聪明到我们都没有办法控制的地步。[③]

（二）刑法视角下人工智能发展阶段的再划分

弱人工智能也被称为专用人工智能（Special-purposeAI 或 Narrow AI），强人工智能则被称为通用人工智能（Artificial General Intelligence，AGI）。[④] 二者技术路线完全不同。专用人工智能侧重对“智能”行为外在的模拟，

---

① 贺树龙：《人工智能革命：人类将永生或者灭绝》，载《网易科技》，http://tech.163.com/15/0210/16/A13VNEES0094POU all.html，访问时间：2015 年 2 月 10 日。

② Wiedermann J.，“Is There Something Beyond AI? Frequently Emerging, but Seldom Answered Questions about Artificial Super-Intelligence”，*Beyond AI: Artificial Dreams*，(2012)，pp. 76 – 86.

③ 皮埃罗·斯加鲁菲：《离人工智能奇点还有多远》，王艺璇译，《中国经济报告》2017 年第 5 期。

④ 刘凯、胡祥恩、王培：《机器也需教育？论通用人工智能与教育学的革新》，载《开放教育研究》2018 年第 1 期。

本质乃是空间搜索及函数泛化，实则将学习过程等同于计算过程，仅仅是在预设算法基础上输入输出的重新投射，并无多少智能可言。通用人工智能之所以冠以“通用”二字，就是因为其不预设解决具体问题的任何算法。从最初一无所知的机器婴儿到具备外部世界的基本常识，从简单的人机对话到掌握一定的实用技能，从被动接受外部信息到按自身兴趣“量体而寻”，每个成型的通用人工智能系统皆是培育出来的，整个过程和人类培养后代一样，只是速度和效率不同而已。[①] 第一阶段和第二阶段虽有能力范围上和学习方式上的差异，但其实质仍只是量的变化。所以，笔者认为，上述依据智能程度对人工智能的划分，虽然是关于人工智能的通常分类方法，但对刑法理论研究来说，这种区分并无太大实质意义，因为刑法是惩罚犯罪的法律，犯罪的实质则是对法益具有侵害性或者威胁性的行为，[②] 而这种行为及其对社会所造成的危害性又必须为犯罪人所控制和辨认。这就要求犯罪人具有自己的意志，否则对其予以刑法规制将是空洞、无价值的。所以，笔者借鉴上述分类并结合刑法原理，以人工智能体是否具有“意志因素”为标准，重新将人工智能体的发展阶段分为两类，即隶属型人工智能体和自主型人工智能体。所谓隶属型人工智能体，是指人工智能体在既定的程序设计内，为完成指定目标，基于机器学习和深度学习，能够自行判断、收集和学习新的数据，最终实现脱离既定的算法预设来解决新问题独立生成新的内容，但是这种人工智能体又只能围绕设计者的意志行动，自己并不具有辨认和控制能力，也不可能脱离人类独自存活。因此，我们也可以暂且把弱人工智能和强人工智能一同归为此类。例如，新一代 Alpha Zero 仅用不到一天的时间练习（自我对弈），便接连击败了国际象棋、围棋和日本象棋三个全球顶级程序。AlphaZero 便是在程序设计者的指定目标下，通过深度学习，进行数据整合、自主判断从而实现超越既定算法以外的程

① 刘凯、胡祥恩、王培：《机器也需教育？论通用人工智能与教育学的革新》，载《开放教育研究》2018 年第 1 期。

② 周光权：《刑法总论》，中国人民大学出版社，2007，第 4 页。

序，击败对手。但是，对于由程序设计者预先对其内部的算法进行设计，进而该计算机系统严格按照既定算法予以执行，即使设计者将所有可能出现的情况以及处理方法一一预设，该计算机系统执行多么高效、完美，都称不上人工智能体。因为，人工智能体的核心在于“机器学习”（Machine Learning，ML），即一种需要大型神经网络的深层次结构，是对人和动物大脑进行仿生模拟的过程，通过特定算法并以大数据作为模型不断训练，进而发现规律并形成经验。[①] 所以那种严格执行事先输入算法的计算机系统理应被排除于人工智能范畴之外，因为它不能生成任何新的东西，和普通产品在法律评价上没有实质差别，都可以视为自然人行为的延伸。

自主型人工智能体，则相当于超人工智能体，它和人一样具有独立的意志，不再单单执行设计人的算法、体现设计人的意志，而是具有自主抉择的意志，能够辨认和控制自己行为的能力。换句话说它也像婴儿一样，出生时虽然懵懂无知，但是其仍然具备用于后天通过学习而独立生活的机能，而且这种机能不仅仅在于自主型人工智能体远远超过婴儿的学习能力和效率，更重要的是它具有和人类一样的自由意志。当然，对于自主型人工智能体是否可能由理想转为现实，存在大量不同的观点，这是因为此类人工智能体的核心在于具有独立的意志，然而对于人工智能体能否产生意识，历来就存有极大的争议。比如，1961 年，卢卡斯推进哥德尔的不完全性定理，指出作为一个形式系统的机器永远无法跳出“哥德尔陷阱”，即人类能够辨别哥德尔语句的真假，但机器却无法做到。至今机器依然不能准确地理解人类语言的意义，不能把握我们与外部世界的本质联系。另外，还有观点提到意识的整体性通过历史积淀和社会合作的方式将单一个体的力量整合在一起，用人类智慧的整体合力共同进行机器操作、技术研发和改造自然，而人工智能体只会按既定规则行动，只会机械地、精确地执行

---

① 孙志军、薛磊、许阳明、王正：《深度学习研究综述》，载《计算机应用研究》2012 年第 8 期。

逻辑运算指令。[①] 当然，支持的观点也不在少数，其中提到最多的便是认知建模，它是一种模拟人型神经网络的深层次结构，寻求人类思维的方法。[②] 对此，也有诸多质疑的声音，反对观点就认为，从哲学上讲，神经网络并没有学到任何东西，人工智能体并不能学习到常识。大脑神经元之间是并行分布式排列，神经元之间构成了一个复杂的整合系统，不能用物理装置处理信息的方式来测量大脑的信息操作过程。[③] 但是，对于驳斥观点，笔者认为这仅仅是科学技术的历史局限性所导致，毕竟世界是可知的，如果制约人工智能发展的神经网络、大数据以及算法等限制条件被突破，人工智能体意识的产生便不再那么遥不可及。另外，意识并非纯粹主观性的东西，引用赛尔的话说即“大脑引起心智，或者说，意识或心智是脑的物理属性”。[④] 这种观点也符合物质决定意识的哲学原理，意识不能凭空产生，它的产生一定是建立在某一物质基础之上的。

因此，虽然自主人工智能体还处于概念化的阶段，但是基于科学论断以及科技的飞速发展，我们还应当看到这种结果发生的必然性。法律通常具有滞后性，但是法学理论不能止步于此，作为法律人更应具有前瞻性，敢于突破世俗的禁锢，防患于未然，以免当人工智能体侵害社会法益时，我们对此束手无策、捉襟见肘。

（三）人工智能与人工智能体

如果说，我们想要对“人工智能体犯罪”的问题进行探究，必然少不了对“人工智能”本身的了解，以及厘清二者之间的关系。

就人工智能的定义而言，目前尚未形成普遍公认的精准定义，但是相对宽泛的概念早在20世纪50年代的达特茅斯会议中便已经有人提出，他们

① 张劲松：《人是机器的尺度——论人工智能与人类主体性》，载《自然辩证法研究》2017年第1期。

② 魏屹东：《人工智能的适应性表征》，载《上海师范大学学报》（哲学社会科学版）2018年第1期。

③ 柳海涛：《人工智能能取代人类意识吗》，载《社会科学报》2017年7月13日。

④ Searle, J. R., *The Rediscovery of the Mind* (MIT Press, 1992), pp. 13 – 14.

认为“人工智能是研究、开发用于模拟、延伸和扩展人的智能的理论、方法、技术及应用系统的一门新的科学技术”。而人工智能体则是人工智能技术发展下模拟仿真人类的智能产物集合统称，具体指运用人工智能技术实现智能行为、思维、语言、认知、推理、决策等活动的独立存在的应用软件和硬件实体的有机组合。也就是说，人工智能体其实属于人工智能技术下具体执行计算机指令的有形执行载体，是抽象理论技术的物质转化，所以，人工智能技术本身不能单独作用于外部世界，必须借助一定的载体予以物化。而从刑法的实质意义上讲，犯罪是侵害、威胁法益的行为。从形式意义上讲，犯罪是具备罪状符合性、违法性、有责性的行为。[①] 所以犯罪首先是行为，无行为则无犯罪。这也是为什么我们的研究对象是“人工智能体”而非“人工智能”技术本身。

二 不同人工智能体对传统刑法理论规则的冲击

（一）隶属型人工智能体的刑事风险

前文已经提到，隶属型人工智能体，是一种不具有自由意志的人工智能体，它虽然可以在既定程序以外通过自主学习而产生新的内容，但是新生成的内容大体在设计者的可预测范围之内，仍是围绕设计者的意志活动。所以，当这类人工智能体实施侵害社会的行为时，适不适用刑法？如果适用刑法，又要追究谁的责任，怎样追究？对此，存在不同的观点，为了方便讨论，笔者以智能杀人机器人为例，设定以下情形：某甲为了杀害某乙，研制出智能杀人机器人，代号云鹰，为该机器人制定杀人目标，而对于如何找到并杀死某乙，则由它通过深度学习，自主决定。

第一种观点认为，首先，假设云鹰号机器人最终成功实施了杀人的行为，那么此时所有的刑事责任都应当由某甲来承担。其理由如下。首先，

① 周光权：《刑法总论》，中国人民大学出版社，2007，第 118 页。

此时云鹰号机器人实现的是某甲的意志而非自己独立的意志，此时对于云鹰号机器人在性质上的定位应当是研发者实施犯罪行为的“智能工具”。其次，假设云鹰号机器人因程序设计失败，导致无法完成某甲杀害某乙的犯罪计划。则应当属于行为手段的认识错误，即行为人意欲犯罪，但其使用的手段或精心选择的作案工具无法实现自己的犯罪意图。此时行为人应当构成故意杀人未遂。这种情况类似于行为人欲毒害他人，但错将白糖当作砒霜，最终没有产生危害结果，应以犯罪未遂加以认定。最后，假设云鹰号机器人由于各种原因错将某丙当作某乙杀害，由于这种事实认识错误由云鹰号机器人产生，并非由设计者某甲的认识错误，此时的情况就好比行为人放狗去咬甲，但狗误以为乙是甲，故将乙伤害的情况。因此这种情况不应属于对象错误，而应该归结于某甲的行为误差，属于打击错误。①

第二种观点则认为，对现阶段的弱人工智能来说，由于其所有的行为都是严格依照程序研发者的预定算法进行，而且其只是某一领域的智能，比如阿尔法狗只会下棋，所以将其定义为传统意义上的“产品”无可厚非。但是，在强人工智能阶段，人工智能体通过算法、大数据和深度学习等方式在某一特定领域已经具备超越人类大脑的水平，它又不同于冰冷的机器重复简单的机械动作以完成人类指令，所以可以将它拟定为一个智力有限的“人”，类似于限制行为能力的未成年人或者精神上不健全的人，使其具有独立承担刑事责任的能力，但又不同于人类承担刑事责任的方式，而是介于人与物之间的特殊形式的主体，适应现代法治社会。②

笔者认为，上述观点各有千秋，第一种观点看到了隶属型人工智能体意识的欠缺，不具有辨认和控制自己行为的能力，因此不能成为刑法调整的犯罪主体。但是同时这种观点仅仅把行为人利用隶属型智能机器人实施严重危害社会的犯罪行为，理解为行为人借助智能机器人的“手”，忽视了

---

① 刘宪权：《人工智能时代的刑事风险与刑法应对》，载《法商研究》2018 年第 1 期。

② 马治国、田小楚：《论人工智能体刑法适用之可能性》，载《华中科技大学学报》（社会科学版）2018 年第 2 期。

它与普通犯罪工具的本质差异，因为在这种犯罪活动中，实施犯罪活动都必须通过作为犯罪工具的隶属型人工智能体的行为才能实现和达到其犯罪目的，从行为构成上来看，是由程序设计者的意志支配和智能体的工具行为相结合完成的，而程序设计人本身并不直接实施犯罪构成要件所要求之全部实行行为，危害结果也主要是由智能体的工具性行为所直接造成，如果没有这些独立存在的工具行为，程序设计者的意志就不可能得到实现，这和利用普通工具犯罪存在明显差异。另外，这种把智能机器人未完成犯罪的情况单纯理解为实际采用的手段和预想的手段在性质或者作用上不相符的“手段错误”，在某些情形下，也显得苍白无力，比如，如果某甲由于技术原因，根本设计不出智能机器人，而纯粹是一堆破铜烂铁，那么我们认为此时某甲最多可能成立犯罪预备，甚至不构成犯罪，但是某甲执意去拿这堆烂铁去杀某乙，从而未能实现其目的，若此时评价为“手段错误”倒也未尝不可。再如，云鹰号机器人在执行杀人指令时，碰巧某乙在游泳，云鹰号机器人意图潜入水中溺死某乙，但它却因为不具有防水功能而失灵，此时，我们便不可再简单地评价为“工具错误”，因为云鹰号本身具有某甲所预想的杀人能力，只是由于它在选择杀人方式时出现意外，致使杀人目的不能实现。最后，我们可以看出持该观点的学者也有将“智能工具”解释为“犯罪工具”的倾向，这里的犯罪工具是指犯罪人为实行犯罪而利用的物或人。[①] 但是，持这种观点的学者并未指明属于哪种类型的犯罪工具，是属于“物”还是类似于“人”？对这个问题的不同回答，影响着犯罪工具的后续处置问题，比如，当隶属型人工智能体所有人以外的人利用该智能体进行犯罪活动，如果仅将其视为犯罪工具予以没收，实则是对私人财产所有权的肆意践踏，若按照《刑事诉讼法》第 234 条规定向所有人返还原物，即查封扣押和冻结后的财物，如果属于被害人的合法财产，应当及时返还。如果犯罪工具并非犯罪行为人本人所有，并且属于被害人的合法财产的，就应当及时返还。按照这种操作也存有问题，因为被犯罪人利用的

① 吴涛、金亮新：《论犯罪工具》，《江苏公安专科学校学报》1999 年第 5 期。

智能体实施危害社会的算法依旧存在，如果不采取措施加以规制，其可能继续实施犯罪行为，所以我们有必要进一步探究“人工智能体”的法律属性问题。

第二种观点看到了该类人工智能体与传统计算机的区别，虽然它没有独立的意志，但是它也并非单纯地执行命令，而是具有在设计者意志指引下自由选择的行为方式的余地。因此不能简单地将其视为普通工具来看待，应寻求刑事法律的规制。但是，笔者以为将隶属型人工智能体视为“限制行为能力的未成年人或者精神上不健全的人”也明显不妥，因为即使是限制刑事责任能力人仍可以实施犯罪行为，从而具有承担刑事责任的可能。但是，隶属型人工智能体还属于弱人工智能阶段，即使其可以通过深度学习在原定程序以外生成新的内容，它也并不能辨认自己实施行为的社会危害性。当然，有学者可能对此表示反对，他们可能提出，社会危害性认识并不是犯罪故意的必备内容，比如，在“大义灭亲、为民除害”等案件中，行为人实施杀人行为时，都是出于为民除害的善良动机，并且在案发后，主动交代自己的罪行，此时行为人往往一方面承认自己杀人是违法的，因为法律不允许杀人，这是每个人都知道的，但是他同时又坚决地认为自己的杀人行为是为民除害，是有益于社会的。但是，对于这种案例，以故意杀人罪处理毫无争议，这就说明，是否具有社会危害性认识不是判断是否构成犯罪的唯一标准。因此，在关于构成要件事实的评价性认识中，行为人只要具备社会危害性认识和违法性认识其中一项，便可认定其具有犯罪故意。[①] 人工智能体在记忆和运算方面远远优于人类，因此只要在程序设计之初，将各种法律文献输入智能体算法之中，便可据此来判断它的主观恶性，从而将其行为评价为犯罪，予以刑事制裁。笔者以为，这种观点过于片面，犯罪故意包含的内容繁杂，比如对于犯罪主体身份的认识、犯罪客体的认识、犯罪对象的认识以及危害结果的认识等，仅仅依据违法性认识，即推断智能体的主观罪过，显然不合情理。另外，刑法是以国家名义预告何种

① 赵秉志：《刑法总则要论》，中国法制出版社，2010，第 299 页。

行为是犯罪和应给犯罪人以何种刑罚处罚，以有效对付犯罪和积极预防犯罪的法律。[①] 因此，对某一主体能否纳入刑法规制范畴，不单单考虑其行为构成，还要进行刑罚价值考量。这就意味着若想将人工智能体纳入刑事犯罪的主体，除了寻找犯罪构成的突破口，还必须为其接受刑罚找寻刑事责任前提。

（二）自主型人工智能体的刑事风险

自主型人工智能体通过深度学习，产生既定算法以外的独立意志，具备独立思考能力。根据这种智能体思维方式的不同，可将其归为两类：第一是类人意志智能体，即随着生物学的进一步发展，人类大脑神经的思维模式被研究出来，人工智能按照仿生学原理模仿人的思维模式与生活习惯而产生和人类相同或类似的意志；第二类就是非类人的人工智能体，即其按照自我的推理方式，可以不按照人类的思维模式进行行动。[②] 当然，这种分类仅仅是根据产生意志的思维方式的不同而进行的分类，是对智能体意识的再归类，并未动摇其意识的存在。那么此时的智能体，一旦装配有可以对外部世界作用的"手"，就不可避免地可能出现在其意志支配下，实施危害社会的行为。然而，对于此类事件，如果我们此时仍将自主型人工智能体单纯界定为物，就会导致当智能体侵害人类重大法益的案件发生时，因《刑法》缺乏对人工智能体承担刑事责任的规定，法官只能将其视为传统意义上的"电子产品"，处于通过适用《产品质量法》等实现对研发者、销售者或使用者追究民事责任的尴尬境地。那么能不能让智能体所造成的社会危害而引起的刑事责任由智能体的设计者或者使用者来承担呢？笔者认为，这同样是不合理的，因为这类智能体的行为已经完全脱离设计者的意志而存在，已经不能简单地将其行为视为设计者或使用者行为的延伸，也同样不再有对设计者或者使用者归责的理由，因为，一旦让他们承担替

---

① 周光权：《刑法总论》，中国人民大学出版社，2007，第 14 页。

② 夏天：《基于人工智能的军事智能武器犯罪问题初论》，载《犯罪研究》2017 年第 6 期。

代责任将导致犯罪主体和刑事责任主体的分离，这是违背刑法“罪责自负”原则的。那么因智能体所造成的社会危害而引起的刑事责任似乎只能由人工智能体承担，然而，自主型人工智能体虽然能够对外实施危害行为，但是刑法所规制的“行为”是涉及行为主体性问题的，即它揭示了行为是“人的”行为，将一定的行为归属于人，这是对行为概念加以理解的基本前提。行为的主体性将行为主体界定为人，包括自然人与法人，从而排除了人以外之物成为犯罪主体的可能性。[①] 所以，适用刑法惩戒犯罪主体并非毫无边界，在法理的基调下需要具有严格意义上犯罪主体资格的人才能依法被判定为触犯刑法并施以刑罚。[②] 自主型人工智能体能否具有犯罪主体资格，便是抛给我们的一个不可回避的问题。

但是，笔者前文业已提到，自主型人工智能体还处于概念化状态，而目前所出现的隶属型人工智能产品尚不能对人类社会构成威胁，如果自主型人工智能阶段真的到来，人类势必成为新兴的超级智能机器的附庸，就像达尔文在《进化论》中说的，“物竞天择，适者生存”，人类作为一个生物学物种，将会面临逐渐蜕化的窘境。这就使得笔者正在讨论的“能否赋予自主型人工智能体以犯罪主体资格”毫无价值，所以笔者着重讨论隶属型人工智能阶段所可能引发的刑事风险问题。

三　隶属型人工智能体危害行为的刑法应对

（一）能否参照单位犯罪有关理论将隶属型人工智能体增设为犯罪主体

在隶属型人工智能体犯罪中，如果单纯将其视为普通工具，不但忽略了它在既定程序之外所产生的新内容，而且可能与传统刑事法律规范产生诸多冲突。基于此，便有不少学者提出参照我国《刑法》对单位犯罪的理

① 陈兴良，《“无行为则无犯罪”——为一条刑法格言辩护》，载《中外法学》1999年第5期。

② 魏琼、程馨桥：《刑法学教程》，西南交通大学出版社，2005，第42页。

论，赋予隶属型人工智能体以法律人格，从而将隶属型人工智能体增设为犯罪主体，再参照单位犯罪实行“双罚制”，由此既能实现对设计者或使用者对于智能体在既定程序以外产生新内容对社会造成危害而引发不利后果的刑事责任追究，又能为“强制医疗”存在继续危害社会可能的人工智能体找到合法依据。

1. 单位刑事责任能力基础理论

隶属型人工智能体犯罪问题能否参照单位犯罪的法理予以解决，要求我们必须首先厘清二者的关系。单位的刑法人格，是单位犯罪主体形式特征与实质特征的中介。只有当单位完全符合单位犯罪主体形式特征，才具有刑法人格，而刑法人格的内涵就是具有刑事责任能力。① 换句话说，能否控制和辨认自己行为的能力，即是否具有意识成了判断刑法人格的关键，关于这点世界各国刑法理论均产生过不同理论，其中不乏真知灼见。英国产生了“另一个我理论”，该理论主张法人机关、法人代表人的行为和意志可以视为法人的行为和意志，其法律后果包括刑事责任理所当然要由法人承担，而无必要诉求与替代责任。② 美国学者则提出了法人反应责任论，认为法人存在自身的犯罪意思。③ 法国学者米修和萨雷提出法人抽象实在说（组织体说），认为法人实际存在于社会且具有法律人格，其刑法实体性体现为本人具有与个人意志相别的集体意志、客观上能实施某些犯罪行为。④ 然而世界上仍有许多国家不承认单位具有犯罪能力，如德日等国家刑法学界，法人犯否定论为其主流观点。比如，德近代刑法学之父费尔巴哈曾指出：“只有个人才能成为犯罪的可能的主体，而法人（如公司、大学或者学院等）决不可能成为犯罪的主体”。⑤ 另外还有学者认为，单位之所以能够承担刑事责任，是构成法人组织的自然人的行为归属的结果。“行为”存在

① 石磊：《论单位的刑事责任能力》，载《云南大学学报》（法学版）2005 年第 4 期。

② 赵秉志：《单位犯罪比较研究》，法律出版社，2004，第 5 页。

③ 黎宏：《美国近年来的法人刑事责任理论述评》，载《法商研究》1999 年第 1 期。

④ 赵秉志：《单位犯罪比较研究》，法律出版社，2004，第 7 页。

⑤ ［德］安塞尔姆·里特尔·冯·费尔巴哈：《德国刑法教科书》，徐久生译，中国方正出版社，2010，第 37 页。

于法律概念之前，是一种实体概念，而“行为归属”则是一种纯粹的法律概念，亦即行为在法律上能否发生一定效果之问题。法人代表机关之行为，其效果或直接归属于法人，但此仅为行为归属问题，不得据此径行认定法人系该行为之本体。[①] 我国《刑法》对于有关单位犯罪的单独列章表明我国明确承认单位犯罪能力，但即便如此，也并不意味着现有刑法理论对于单位刑事责任的合理性和正当性具有充分的论证。我国目前对单位犯罪主体的认定更多的是基于功利主义而受到刑事政策的影响，[②] 是对社会层出不穷的单位犯罪做出的被动反映。既然如此，我们为了预防将要发生或者惩处正在发生的隶属型人工智能体犯罪，能不能就此赋予隶属型人工智能体以法律人格呢？

2. 单位与隶属型人工智能体刑事责任能力的区别

对于能否参照单位犯罪有关理论将人工智能体拟制为犯罪主体的问题，笔者持否定态度，因为二者虽然都属于非自然人犯罪，但却存在本质不同。

首先，关于单位犯罪能力之争，无论是法人拟制说还是法人实在说都不可否认法人内部自然人意志的客观存在，即二者仅仅是关于法人内部某些人的合意能否视为法人意志的争论，其本质是将真实存在的意志进行主体转换问题。而隶属型人工智能体犯罪能力确立与否的关键在于其本身能不能像单个人一样产生意志，它就类似于单位内部的自然人而非单位，其本身根本就不存在意志，赋予其刑法人格的问题，是一个如何“无中生有”的问题。

其次，隶属型人工智能体犯罪中自始至终只存在单个相同的意志，没有赋予智能体刑法人格的必要。在利用隶属型人工智能体犯罪中，智能体虽然可以在既定算法以外产生新的内容，为完成指示目标进行深度学习、自主决策，但是其所有活动均是在利用者的意志支配下进行，自始至终只有利用者的意志存在，它根本不明白自己行为的意义，在整个犯罪中完全

① 吴景芳：《刑事法研究》（第一册），台湾五南图书出版公司，1999，第21～22页。

② 尉琳：《单位犯罪主体资格问题探析》，载《法学杂志》2016年第6期。

充当利用者的犯罪工具。而单位犯罪中，则存在“自然人的意志”转换为单位意志的必要。第一，单位的整体意志既具有独立性又具有双重性，不可还原为个人的意志和意识。[①] 所以它不可能和单位内部每个人的意志相同，更不等于他们意志的简单相加。第二，单位意志是为单位的整体利益考量，不同于单位内部成员为了个人利益而做出的决定。基于单位意志与其内部自然人意志的本质不同，有必要进行单位意志的刑法人格化。所以，单位的刑事责任能力是犯罪能力和刑法适应能力的有机统一。[②] 前者指行为人对自己行为的控制和辨认能力，后者则是从社会预防犯罪方面考虑行为人是否具备适罚性，侧重于对刑事政策的考量。

另外，对于单位犯罪刑罚以适用双罚制为主的原因也是在于单位犯罪主体的可分性以及单位利益的涉他性，如果采用转嫁制仅仅处罚单位，则忽视了自然人对实行犯罪的作用力，容易姑息参与单位犯罪的自然人，代罚制存在同样的问题，忽视了单位人格，放纵了组织犯罪的单位。而在利用隶属型人工智能体犯罪中，因智能体处于被利用者支配的地位，在整个犯罪中充当犯罪工具的角色，则不存在这类问题。

所以，笔者认为在处于隶属型人工智能体阶段，虽然其不具有独立的意志，但是其仍可以在既定程序以外通过自主学习，产生新的内容，如果单纯将其视为一般的工具，将与传统刑事法律规范产生许多冲突，这点自不待言。但是参照单位犯罪有关理论直接赋予其犯罪主体资格，显然更不可取，除了前文提及的单位犯罪与隶属型人工智能体之间的巨大差异外，还有就是犯罪主体是判定刑事责任与刑罚标准的前提，当犯罪主体明确且符合承担刑事责任的要素时，才施以刑罚以示惩戒，从而达到预防犯罪的价值预期。但我们面对没有意识的隶属型人工智能体，暂且不问其能否实施犯罪，但就刑罚功能而言都不可能实现，因为，刑罚是对犯罪人某种权益的剥夺或限制，从而对其造成生理和精神上的痛苦，以此有效遏制犯

① 赵秉志：《单位犯罪比较研究》，法律出版社，2004，第 17 页。

② 赵秉志：《单位犯罪比较研究》，法律出版社，2004，第 27 页。

罪。[1] 而智能体因为不具有意志，根本不明白自己行为的意义，也不存在生理或精神的感知，因此，若将隶属型人工智能体赋予犯罪主体地位，必然使得刑罚预防犯罪的功能没有意义。那么，对于利用此类人工智能体犯罪问题，刑法该何去何从呢？

（二）将隶属型人工智能拟制为无刑事责任能力的精神病人

笔者认为，虽然将人工智能体参照单位犯罪理论赋予其法律主体地位存在诸多不足。但是，相较于人工智能体实施侵害社会法益给刑法带来的风险，或者直接赋予人工智能体法律地位的极左做法，采用“法律拟制”的方式不失为一个更为妥适的策略。“法律拟制”是“立法者为了实现法律背后的制度目的而做出的一种不容辩驳的决断性的虚构”。[2] 通过这种法律上的“虚构”，便使得我们可以不再纠结于人工智能体是否存在意识，而只需要在人与人之间达成某种共识，从而实现对人工智能法律规制的正当性。

但是笔者认为，我们应当把隶属型人工智能体拟制为法律上的“无刑事责任能力的精神病人”，消解其承担刑事责任的可能，不予承认其犯罪主体资格。而在设计者或者使用者利用该智能体实施侵害社会法益的行为时，可将这种情况比作利用精神病人实施犯罪的间接正犯，而这里的“精神病人”只能是完全丧失辨认和控制自己行为能力的精神病人，对于精神正常的间歇性精神病人应予排除。理由如下。

第一，间接正犯，是指将他人作为犯罪工具，以实现自己犯罪目的的人。[3] 被利用者本身可能具有意志也可能不具有意志，但是其在此类犯罪中对于自己被利用的事实全然不知，不具有自己独立的意志。而隶属型人工智能体虽然自始不具有意志，但是其与间接正犯中的被利用者在此时别无二致。

---

① 赵秉志：《刑法总则要论》，中国法制出版社，2010，第515页。

② 卢鹏：《法律拟制正名》，载《比较法研究》2005年第1期。

③ 周光权：《刑法总论》，中国人民大学出版社，2007，第300页。

第二，间接实行犯的犯罪人自己不直接实施犯罪，而是利用第三者间接地实施犯罪，而作为第三者的犯罪中介或称工具因为具有法定的事实或情节不负刑事责任或者不发生共犯关系。① 这就恰好和利用人工智能体犯罪的行为特征相符，比如，在前述的案例中，云鹰号智能体虽然仅仅执行某甲的杀人意志，却可以在深度学习的情况下自主决定杀人方式，完成杀人计划。这种杀人行为和我们通常见到的间接正犯一样，是由被利用者独自完成，被利用者是犯罪行为的直接实施者，但其行为又是在利用者意志的绝对支配下完成的，所以利用隶属型人工智能体犯罪与间接正犯有着实质的相似性。另外，在一些学者反对将隶属型人工智能体视为普通工具的基础上，又基于对设计者或者使用者追究刑事责任的考量，牵强地将其比拟成“限制刑事责任能力人”予以刑法规制，使得“无意识之物”成为犯罪主体，不但从根本上动摇了刑法有关“犯罪构成”的根基，而且导致刑罚目的完全落空。而在将隶属型人工智能体视为犯罪工具的间接正犯中，因为利用者与被利用者之间并不存在共犯关系，由智能体危害行为引起的刑事责任完全由利用者承担。所以，这种拟制既可以克服将隶属型人工智能体视为单纯物理工具而忽视其超越既定算法所产生新的内容的弊端，又能避免为了归责于设计者或使用者而强加给智能体犯罪主体资格的矛盾。

第三，《刑事诉讼法》第 284 条规定，实施暴力行为危害社会的精神病人，若有继续危害社会的可能，可予以强制医疗。《刑法》第 18 条同样规定，对于因年龄不足而没有刑事责任能力的人，责令其家长或监护人加以管教；在必要时，也可以由政府收容教养。对于因精神缺陷而不具有刑事责任能力的人，应当责令其家属或监护人严加看管和医疗；在必要时，由政府强制医疗。而作为犯罪工具使用的隶属型人工智能体同样存在继续危害社会的可能，因为此时的智能体往往还残存犯罪分子输入的用于危害社会的算法，一旦将其直接返还所有者，无异于放纵下一次犯罪的发生。如果意图将该智能体予以修复或者在无修复可能的情况下作删除程序等操作，

① 冯旭东：《从一案例谈间接实行犯》，载《中国刑事法杂志》2001 年第 1 期。

又必须寻求法律依据，否则无疑是对私人财产权的变相践踏。如果将隶属型人工智能体拟制为无刑事责任能力的精神病人，则可同样比拟此类规则为其“强制医疗”提供法律依据，从而谋求公权力行使的手段和目的之间的平衡。

（三）隶属型人工智能体设计者的过失责任

对于利用隶属型人工智能体犯罪的情形，我们已经提到，可将其视为利用无刑事责任能力的精神病人作为犯罪工具类型的间接正犯，以此实现对设计者或者使用者的刑事责任追究。但是这种制度设计仅仅针对的是设计者或者使用者故意利用人工智能体的犯罪活动，而在没有设计者或者使用者参与，由隶属型人工智能体独自实施危害社会行为的案件中，或许现行刑法理论容易产生适用上的冲突。

比如，世界上第一宗机器人杀人事件，① 当然此事发生在 1978 年固然不能算得上人工智能体犯罪；2015 年德国同样发生了一起机器人杀人事件，处于安全笼中的机器人突然失控抓住正在对其进行安装与调试的安全员胸部，并将其重重压向一块金属板，致使年仅 22 岁的技术员不治身亡。自动驾驶可谓是目前人工智能应用领域的最前沿，但即使是最先进的人工智能技术也避免不了事故的发生。2018 年 3 月 18 日晚 10 点，在美国亚利桑那州坦佩市，发生了世界上首起自动驾驶车辆在公共道路上撞击行人并致死的事件，一位正在推着自行车在非人行横道线区域穿过马路的女士，被一辆 Uber 的自动驾驶 SUV 撞上，送往医院后不治身亡。可想而知，随着人工智能技术的发展和推广，此类事件的发生将毫无疑问普遍存在。

而隶属型人工智能体的设计者作为其研发制造者，理应对其可能出现的危害行为具有更多的注意义务，因此，不能仅仅将隶属型人工智能体视

① The facts above are based on the overview in Yueh-Hsuan Weng, Chien-Hsun Chen & Chuen-Tsai Sun, Toward the Human-Robot Co-Existence Society: On Safety Intelligence for Next Generation Robots, 1 INT. J. Soc. Robot 267, 273 (2009).

为普通的物品，按照产品责任对其造成的损害进行民法或者行政法的规制，因为一旦这样做，将可能放任设计者在设计之初注意义务的不履行，从而姑息犯罪、危害社会。

但是，关于此类事件如何处理的理论争论却从未得到停歇。首先，对智能体的设计者适用传统刑法的产品责任，按照生产、销售伪劣商品罪追究刑事责任的做法，显然并不可取。因为在犯罪构成上，《刑法》第三章第一节所规定的全部犯罪都要求行为人主观具有犯罪故意，而在隶属型人工智能体独自实施侵害社会法益的案件中，设计者本身只存在过失，并不具有生产、销售伪劣商品罪的主观故意，所以不能适用产品责任。但是由于隶属型人工智能体本身不具有意志，不能辨认自己行为的社会危害性，也就不能以过失犯罪追究其刑事责任。那么，智能体的行为所引起的危害后果如何纳入刑法规制，如何追究相关设计者或者使用者的过失责任，便成为我们不得不思考的问题。

1. 过失犯罪的一般原理

《刑法》第 15 条第 1 款对过失犯罪进行了规定，包括“应当预见而没有预见”的疏忽大意的过失以及“已经预见但轻信能够避免”的过于自信的过失两种情形。同时我国刑法以处罚故意犯为原则，处罚过失犯罪为例外。过失犯罪的本质不在于造成危害社会的结果，而在于行为人违反了注意义务。所谓注意义务，是指行为人作为时应当注意是否侵害某种权益，不作为时应当注意有无违反某种法律义务的责任。[①] 这就要求行为人首先必须具有注意能力，即不仅需要具有认识到自己的行为可能发生危害社会的结果的能力，而且还需要具有能够防止自己的行为发生危害社会结果的能力。

对于疏忽大意的过失来说，“应当预见”是前提，预见内容是关键。[②]对于这两者的判断，应当依据何种标准呢？对前者而言，便是具有预见的

① 周光权：《刑法总论》，中国人民大学出版社，2007，第 171 页。

② 张明楷：《刑法学》（第 3 版），法律出版社，2007，第 238 页。

可能，对于这种可能性的判断标准，原则上坚持主客观相统一说，即以行为人自己主观上能否认识到行为可能导致的结果为主，因为能不能预见属于人的认识因素，刑法规制的是个案中行为人的具体行为，而每个人的认识能力千差万别，所以我们不能以共性的标准来要求个性的行为人。对后者而言，过失犯罪所要预见的内容是行为人对于自己的行为可能发生危害社会结果。[①] 对于"危害社会结果的认识"则存在不同学说。具体结果说认为，对"危害社会的结果"含义的理解，只能在法律规定的范围内进行，同时还强调，这里的具体结果又是相对具体的，即行为人只需要预见到自己的行为可能发生刑法分则规定的危害结果就可以了，而不要求其一定预见到会发生哪一种具体的危害结果；[②] 与之相对的则是一般结果说，该说认为行为人对于危害结果的预见只要达到抽象的认识即可，因为人的认识能力具有局限性，行为人面对突如其来的危险不可能清晰、具体地预见。

过于自信的过失是指已经预见自己的行为可能发生危害社会的后果，但轻信能够避免，以致危害结果发生的责任形式。为了更好地理解过于自信的过失，学者通常会将其与间接故意进行比较。首先，二者在认识因素方面存在差异，前者是"预见"危害结果发生的假定可能性。所谓假定可能性，是指持过于自信心态的行为人认识到如果不存在抑制结果发生的有利条件的话，危害结果就可能发生。而后者则是"明知"危害结果发生的现实可能性。其次，二者在意志因素方面也明显不同，前者在认识到可能存在防止危害结果发生的有利条件下，积极利用该条件阻却危害结果的发生。而后者则属于放任态度，消极地等待，既不追求也不排斥。

2. 人工智能体设计者的注意义务

现行刑法能否为判断人工智能体设计者的过失责任提供理论依据呢？有学者认为隶属型人工智能体设计者过失犯罪案件有其特殊性。首先，隶属型人工智能体不同于普通产品，它可以通过深度学习产生新内容，简单

① 高铭暄：《中国刑法学》，中国人民大学出版社，1989，第133页。

② 赵秉志：《刑法总则要论》，中国法制出版社，2010，第312页。

按照产品责任处理，不但片面而且不利于刑法目的的实现。其次，在这类案件中设计者自身并不亲自从事危害事务，在危害结果发生时，其可能压根不知道。比如，一个设计用于照顾婴儿的保姆人工智能体，在照料婴儿洗澡时，突然出现系统故障，将婴儿按在水中溺亡，后经查明发现，该事故发生原因是人工智能体在既定程序的基础上通过深度学习，认为在水里多泡一会儿更有利于清洁，但是由于婴儿肺活量明显低于成年人，导致窒息死亡。而此时该人工智能体又可能已经投入市场使用了数月之久，它的设计者还在遥远的实验室研发新一代的人工智能体，根本无从知晓事件的发生。基于此，便有学者认为现行刑法关于过失犯罪的理论已经不能调整此类案件。他们认为虽然研发者与人工智能产品之间的关系类似于监督与被监督的关系，但是又不能以此来追究设计者的过失责任。因为我国刑法规定的监督过失责任的一类主体是具有领导职责的负责人并且监督过失责任一般来说是一种严格责任（推定责任），所以研发者不应以监督过失责任被追究。由此可见，人工智能产品的研发者和使用者在我国现行刑法语境下似乎不存在过失责任问题，但这可能是刑法在人工智能刑事风险防控方面存在的一种缺陷。①

笔者对此略有异议。首先，对于不应以“监督过失”追究设计者的责任的论断笔者表示赞同。隶属型人工智能体设计者过失责任与监督过失责任并不类似，设计者与智能体之间也无监督关系可言。监督过失并非独立于一般过失的新类型，而是具有刑法规定过失犯罪的基本特征，是指监督者应当预见自己不履行或者不正当履行监督义务的行为可能引起被监督者的过失行为，而因疏忽大意没有预见，或者轻信被监督者不会有过失行为，从而发生危害后果。② 监督过失因为是对第三人的行为承担着注意义务，所以这里就存在两个过失：一个是监督者不履行或者不正确履行监督义务的监督过失；另一个则是被监督者的一般过失，用逻辑图表示则为：监督者

① 刘宪权：《人工智能时代的刑事风险与刑法应对》，载《法商研究》2018 年第 1 期。

② 张明楷：《刑法学》（第三版），法律出版社，2007，第 245 页。

的监督过失——被监督者——一般过失——危害结果。虽然也有学者认为设计者过失责任类似于监督过失，设计者不履行或者不正确履行监督指示义务，导致隶属型人工智能体产生过失行为引起危害结果。看似如此，实则不然。因为对过失犯罪来说“无结果，则无犯罪”，所以在监督过失责任形态中，如果监督者存在监督过失，却又不构成犯罪的情况下，存在两种原因，第一，被监督者认真履责，没有因监督者的监督义务的不履行而实施侵害社会的行为，即监督者的监督过失没有引起被监督者的一般过失。第二，监督者的监督过失虽然引起了被监督者的一般过失，但是其认识到了防止危害发生的有利条件，并且予以积极利用，避免了危害结果的发生。而对于人工智能体设计者的过失责任案件来说，且不问设计者与智能体之间是否存在监督关系，假设存在监督关系，对于设计者监督不力而未构成犯罪的情况，也仅存在一种原因，即智能体在深度学习中未因为设计者的监督过失而产生危害社会的算法。这是因为，隶属型人工智能体因为本身不具有意志，不可能具有预见自己行为发生危害社会的可能，所以也就不存在智能体在已经预见到危害结果发生的情况下，进而选择学习规避这种危害社会的算法的可能。其实，设计者根本不存在对于智能体的监督义务，而仅仅是对该隶属型人工智能体日后会不会通过深度学习而产生侵害社会法益的算法的预判义务，笔者将智能体通过深度学习而产生的程序称为“危险算法”。设计者对此具有的注意义务产生于设计之初，是一种业务过失。所谓业务过失，是指业务人从事可能造成损害的业务时，疏忽业务上的必要注意而发生的过失。“从事业务之人因系反复持续地从事特定业务，对其业务行为可能发生之危险，自较一般人有深切之认识，而具有较高之注意能力，并负有较高之注意义务，故从事业务之人从事该特定业务时之过失，在不发内涵与罪责内涵上，均较普通人之一般过失为高。同时，基于形势政策的角度考虑，业务行为之危险性在原则上较普通行为为高，因业务之行为过失所造成之后果，在原则上亦较因一般之过失行为为严重。”①

① 林山田：《刑法通论》，三民书局，1986，第255页。

所以，设计者对其研发之人工智能体存在业务上的注意义务，类似于危险源的管理义务。所以，当设计者不履行该义务，即主观存在过失，而隶属型人工智能体在危险算法支配下所实施的危害行为，将仅仅视为设计者过失责任的结果，并以此来追究设计者的刑事责任，完全符合过失犯罪的一般法理。之所以这么说，是因为行为人对于危害结果的认识，只需要是相对具体的犯罪结果，并不要求行为人预见到危害结果发生的准确时间和地点以及侵害的对象等具体情节。所以设计者只需要认识到智能体可能因为自己设计上过失而产生危险算法，进而转化为危害社会的行为即可，对于智能体具体实施危害的时间、地点、对象均不做认识上的要求。

其次，有关学者提出的我国现行刑法语境下似乎不存在规制隶属型人工智能体设计者过失责任问题规则的论断，实则有待商榷，因为《刑法》中具有类似产品过失责任的规定，即《刑法》第 370 条第 2 款规定的“过失提供不合格武器装备、军事设施罪”，本罪是指由于疏忽大意或者过于自信提供不合格的武器装备、军事设施给武装部队，造成严重后果的行为。所以，将隶属型人工智能体设计者的过失责任纳入刑法并不显得突兀。

但是，人工智能技术毕竟非常复杂，我们对设计者的要求又不能过于严苛，比如，假设设计者对于智能体可能通过深度学习产生的危险算法仅仅具有一般的、抽象的预判，就算真的有危害结果的发生，我们也不能简单地以人工智能体是否现实地实施危害社会的行为作为判断设计者是否履行预判义务的标准，否则将陷入客观归罪的怪圈，破坏刑法的谦抑性。那么，如何确立设计者在设计之初是否履行了预判义务的判断标准才是我们真正需要研究的。

3. “被允许的危险”理论的引入

对过失犯处罚具有例外性，即法律有规定的才予以处罚。这是因为如果对过失犯罪广泛处罚，意味着国民的行动受到严格的限制，进而导致国民的行为萎缩，严重妨碍国民的自由。[①] 所以，对于某一行为是否构成过失

① 张明楷：《刑法学》（第 3 版），法律出版社，2007，第 234 页。

犯罪，必须遵循刑法的谦抑性，只有当某一行为严重侵害法益时，才能确定为犯罪。

笔者以为，法律不强人所难，设计者对于智能体通过深度学习产生危险算法的预判义务一定要具备履行可能性。预判义务符合科技发展水平和历史发展规律。如前文所提及，并不是隶属型人工智能体实施一切行为所引起的危害后果都归责于设计者，也不是智能体在既定程序以外产生的所有危险算法都属于设计者的预判义务，因为，人工智能之所以被称为“智能”，就在于它可以通过深度学习产生新的内容，这些内容又是设计者在设计之初所未设定的，若要求设计者对一切危险算法的产生都有预见，显然是不可能的。所以，设计者的预判义务只能是那些，在设计者所给出既定算法之上合乎事物发展规律而演化出来的危险算法，并且完全具有利用当时的人工智能技术预见的可能。如果设计者因为疏忽大意没有预见，或者轻信能够避免而致危险算法转变成危害结果，就应当追究其相应的刑事责任。

域外法苑

《网络法学研究》2018 年卷
第 87～100 页

2018 年《美国情报界全球威胁评估报告》详解*

吴沈括**

摘　要：美国情报各界高层在美国参议院就全球威胁评估举行专场听证，作为美国情报界向国会负责的机制性听证，既是对过去一年美国面临威胁与挑战的回顾与总结，也是对未来一段时间美国情报界优先工作重点的研判与把握。它以多个角度，从全球和地区两个层面对美国面临的各类威胁与挑战做出评估，形成的《美国情报界全球威胁评估报告》内容涉及广泛，从网络安全与技术、大规模杀伤性武器与扩散、恐怖主义、情报竞争、新兴技术、地区安全等多个领域对美国面临的全球威胁与挑战进行全面评估，尤其对于未来网络空间国际治理具有重大战略参考意义。

关键词：美国情报界　人工智能　网络安全　恐怖主义　全球威胁

前　言

2018 年初，美国情报各界高层在美国参议院就全球威胁评估举行专场听证，主要参会人员包括：美国国家情报总监丹尼尔·科茨、中央情报局局长麦克·蓬皮奥、国家安全局局长迈克尔·罗杰斯上将、国防情报局局

---

* 本文是国家社会科学基金项目（批准号：15CFX035）的阶段性成果。

** 吴沈括，北京师范大学刑科院暨法学院副教授、硕导，中国互联网协会研究中心秘书长。

长罗伯特·艾希礼中将、联邦调查局局长克里斯·雷、国家地理空间情报局局长罗伯特·卡迪罗等。该评估是美国情报界向国会负责的机制性听证，以多个角度，从全球和地区两个层面对美国面临的各类威胁与挑战做出评估，其形成的《美国情报界全球威胁评估报告》内容涉及广泛，尤其对于未来网络空间国际治理的发展格局具有重大的前瞻性影响。

一　全球威胁评估听证的主要内容

此次听证所涉内容广泛，从网络安全与技术、大规模杀伤性武器与扩散、恐怖主义、情报竞争、新兴技术、地区安全等多个领域对美国面临的全球威胁与挑战进行全面评估。

（1）在网络安全领域，与 2017 年一致，美国依然将网络威胁列为全球顶级威胁之首。第一，听证中将网络威胁行为分为他国政府行为和一般恶意攻击行为，但听证全程几乎都在讨论他国政府资助的网络攻击行为，美方明显更为关注政府行为。第二，由于网络技术的进步及其广泛应用，美方预测 2018 年美国所受网络攻击的数量、范围以及破坏程度等都将进一步攀升，攻击范围将从传统的重要设施和政府机构进一步扩展到一些商业目标，听证指出针对美国公司的网络攻击正日益增多。第三，听证中分主体依次点名论述了俄罗斯、中国、伊朗、朝鲜对于美国的网络攻击，并认为在 2018 年源自这些国家的网络攻击将进一步攀升。总体上利用网络攻击作为外交或者军事手段的情况已经被美方控制在一个较低的水平，但其认为上述四国正在研发更具破坏力的攻击工具。

关于俄罗斯，美方认为俄罗斯将以乌克兰的网络设施作为攻击重点，同时也将攻击北约和美国的目标；关于中国，美方指出来自中国的网络攻击明显减少，但强度仍高于两国在 2015 年做出的网络安全双边承诺，来自中国的攻击目前主要针对美方的跨国企业以及私人目标；关于伊朗，美方认为其将继续以沙特阿拉伯和以色列为重点目标进行网络攻击，关于朝鲜，美方认为它的网络攻击将以三大目标为导向，也即筹集资金、收集情报和攻击美国，这也反映了美国对于朝鲜财政状况的预判。总体而言，美方认为美国面临的网络安全形势将更加严峻，并且认为应重点注意俄罗斯、中国、伊朗和朝鲜四国的动向。

（2）在大规模杀伤性武器与扩散领域，美方认为大规模杀伤性武器的扩散是目前美国面临的最主要威胁之一。美方认为在伊拉克和叙利亚战场中主权国家和一些非国家武装都曾使用大规模杀伤性武器。就中国而言，美方提及晋级核潜艇对于核打击能力的提升问题；对于朝鲜，美方将其定义为最活跃和最具对抗性的威胁，听证会指出 2017 年为朝鲜连续第二年进行大量弹道导弹测试，包括首次洲际弹道导弹测试。美方认为朝鲜一直致力于发展一种能够对美国构成直接威胁的远程核武器导弹。听证会还提到伊斯兰国曾使用化学武器，并引用禁化武组织和联合国 JIM 的结论："伊斯兰国在 2015 年和 2016 年两次攻击中使用了硫芥末"。

（3）在恐怖主义和跨国有组织犯罪领域，听证会指出恐怖主义依旧是美国在 2018 年所要面对的重大安全挑战之一。伊斯兰国已成为最具全球影响力的恐怖组织，伊斯兰国核心已经开始并且可能会维持伊拉克和叙利亚的强大叛乱，以最终实现其所谓哈里发国的重新建立。同时听证会也提及基地组织仍将是全球恐怖活动的主要参与者之一，基地组织的分支机构很可能会继续把大部分资源用于当地的活动，包括参与阿富汗、索马里、叙利亚和也门的冲突以及攻击非洲其他地区、亚洲和中东。美方还将美国本土暴力极端主义分子视为 2018 年美国本土面临的最大恐怖威胁，恐怖主义宣传以及与美国政府行为有关的不满情绪可能招致更多的美国本土极端暴力分子。

（4）在情报威胁领域，美方认为俄罗斯和中国的情报部门是其主要竞争对手，并且警告俄罗斯可能干预美国 2018 年中期选举。

（5）在新兴技术领域，美方主要强调新兴技术可能超越监管，以人工智能为例，美方认为其可能会引起新的国家安全问题，现有的机器学习技术可以实现卫星图像分析和网络防御等劳动密集型活动的高度自动化，也可能带来社会经济挑战，包括对就业和隐私的影响。美方认为 3D 打印的发展，几乎可以肯定的是将变得更容易被各个国家所接受，并以危害美方利益的方式加以使用。

（6）在地区威胁领域，美方将东亚地区作为首项，就中国而言，其认为中国将继续奉行积极的外交政策，强调其在东海和南海的主权要求。由于朝鲜的核计划和导弹计划以及东海和南海的领土和海上纠纷，区域紧张局势将持续存在。中国还将努力实现雄心勃勃的“一带一路”倡议，通过基础设施项目扩大中国在欧亚大陆、非洲和太平洋地区的经济影响力和政治影响力。就朝鲜而言，美方认为其将在 2018 进行更多的核试验，特别是，美国中央情报局长蓬皮奥强调，尽管冬奥会期间朝韩关系有所缓和，但朝鲜并没有对核问题做出实质性的让步，蓬皮奥认为金正恩没有认清朝鲜现在所处的不利形势。

二　全球威胁评估听证的主要特点

综观近年来的全球威胁评估听证，可以发现其议题框架基本保持稳定，持续强调俄罗斯、中国以及朝鲜等国的传统威胁。与其之前的全球威胁评估听证相比，此次听证内容主要呈现以下三大特点。

（1）对网络威胁来源的判断更加趋于多元化。在国家行为主体层面，美方将俄罗斯和中国视为对美国的主要威胁，其宣称俄罗斯将把与美国相关的利益作为实施网络战的目标，以期实现自身的战略目的。中国则继续对美国政府、企业及其盟友实施网络间谍行动，美国将继续监督中国对中美在 2015 年达成的反黑客协议的具体执行情况。在非国家行为主体层面，恐怖分子也在量身定制基于互联网的新策略，除在继续利用互联网实施人员招募和资金筹措等活动外，也在通过互联网有意泄露美军人员的敏感信息，以唤起更多针对后者的“独狼式”袭击活动。此外，犯罪分子正着手研发并使用先进的网络工具，以便为实施盗窃、勒索等一系列犯罪活动提供便利。

（2）增加了对人工智能、3D 打印等新兴技术的关注。特别是对于 3D

打印，美方用几乎肯定的语气认为其将以损害美国国家利益的方式被利用，人工智能也被其视为可以用来分析卫星图片的工具，反映了美国情报部门深入骨髓的军事观念、冷战观念。

（3）“中国威胁论”所占篇幅较大。除了恐怖活动外，几乎在每个领域美方都提到了来自中国的威胁，军事上，提到了解放军正发展核武力量，并提及晋级核潜艇等具体武器；外交上，美方认为“一带一路”倡议是中国发挥地区影响力的工具之一；经济上，美方提及了贸易不平衡等威胁美国经济安全的状态，并提到中国已经合法地取得了一些关键专利技术，可能逐渐侵蚀美国的长期竞争优势。

三　全球威胁评估听证的总体评价

作为美国情报界向国会履行的听证，其既是对过去一年美国面临威胁与挑战的回顾与总结，也是对未来一段时间美国情报界优先工作重点的研判与把握。

首先，听证充满冷战思维，既是美方秉持的一种国与国的相处模式，也表现为一种思维方式，也即无论别国的技术与战略如何，都是从威胁的角度看。无论是人工智能、3D 打印等可以造福全人类的技术，还是中国本着互利共赢的精神提出的“一带一路”倡议，美国都视为对国家安全的威胁。这是这篇报告中言及中国所体现出的基本思维。当然，这或许与呼吁国会加大对情报界的资金投入有着分不开的关系。

其次，听证高度关注新兴技术，将人工智能作为军事工具的想法虽然充满冷战思维，但依旧值得关注。当下技术与信息的发展日新月异，一年产生的信息总量都大于过去数千年人类历史产生的信息之和，势必有着诸多新兴工具摆在政府面前，对此美方做出了自己的回应。

最后，听证体现所谓普世价值发展新变化，听证指出全球面临空气污染、水污染、气候变化等严重威胁，但在“民主”国家，因为公众对于权威的信任度下降，国家将更难解决这些问题，反映出美方所认识的体制危机。同时，听证全程未提及推动其他国家“民主化”等话题，反映出特朗普政府“美国优先”的战略和国际话语权策略的悄然变化。

四 全球威胁评估听证的口述汇报

听证过程中，美国情报界的主要负责人做了口述汇报，就情报界认为的一些特别重大威胁进行集中提炼汇报。

在听证的开始，美方直接说明情报界认为当今美国面临的三大“顶级威胁”，其一是大规模杀伤性武器，美国正面临的发生国与国之间冲突的风险是冷战以来最高的，这主要是因为大规模杀伤性武器在国家和非国家行为主体之间的发展和扩散；其二是情报界认为美国的竞争对手在利用包括网络攻击在内的各项工具扰乱美国社会和市场，利用各项技术在美国制造分裂；其三是非国家行为主体诸如恐怖分子和犯罪集团在非洲、中东、拉丁美洲和加勒比地区制造暴力和不稳定局面。

美方后续从以下两个层面进行了论述。

（一）全球威胁的层面

第一是网络攻击领域，美方直接点名俄罗斯、中国、伊朗和朝鲜为最大的网络安全威胁来源国。其中，对于中国，美方认为中国的网络行为是在为自己的国家安全和经济利益服务；而与中国形成鲜明对比的是对俄罗斯的论述，美方声称俄罗斯利用网络工具破坏美国和欧洲盟友的民主和其他政治价值，并在美国境内制造分裂。

第二是大规模杀伤性武器领域，美方指出朝鲜将是美国在 2018 年最直接的核威胁来源，并认为朝鲜除了继续进行弹道导弹测试和增加核弹头数量外，也将继续进行生化武器的研究；就中国而言，美方声称中国将继续扩大大规模杀伤性武器的选项并使核武器工厂多元化；美方还提到俄罗斯、巴基斯坦和伊朗的核武发展情况，并且将持续评估叙利亚是否完全履行化学武器公约的全部内容。

第三是恐怖威胁领域，美方分别提到美国本土极端分子、伊斯兰国、基地组织，其中美国本土逊尼派极端分子被其形容为“最难追踪的恐怖分子”。

第四是太空威胁领域，美方认为中国和俄罗斯都将继续增强太空能力，特别指出两国的反太空武器将进一步发展，以减弱美国在太空武器领域的优势。

（二）地区威胁的层面

第一是亚洲地区，美方首先提及朝鲜，认为朝鲜今年将对美国的国家安全造成更多的威胁，并会进行更多的弹道导弹试验，并且可能进行核试验，朝鲜的国防进步已经威胁到日本、韩国和美国本土的利益。关于中国，美方认为中国将继续寻求扩大地区影响，在台湾问题、东海问题和南海问题上采取“坚定的立场”，并借助“一带一路”倡议在欧亚大陆、非洲和太平洋地区获取地缘政治利益。此外，美方论述了俄罗斯的影响力，认为俄罗斯将继续用包括网络攻击、社交媒体在内的各种工具在欧美国家制造分裂。

第二是欧洲地区，美方认为因为法国总统马克龙的活跃，地区的重心将逐步转移到法国；其次提到了中欧和东欧地区的政府正破坏司法独立、干扰新闻自由、破坏民主政体，这可能给俄罗斯和中国以机会。

第三是美方提到了对于财政危机的关切，认为美国的威胁需要给予正确对待和处理，不能因为财政危机而损害国家安全。

附录一：2018 年美国情报界全球威胁评估报告涉华内容

（1）China and Russia will seek spheres of influence and to check US appeal and influence in their regions. Meanwhile, US allies' and partners' uncertainty about the willingness and capability of the United States to maintain its international commitments may drive them to consider reorienting their policies, particularly regarding trade, away from Washington.

中国和俄罗斯将寻求扩大势力范围，并挑战美国在其地区的吸引力和影响力。与此同时，美国盟友和合作伙伴对美国维持国际承诺的意愿和能力的不确定性可能会促使他们考虑重新调整他们的政策，特别是在贸易方面远离华盛顿。

（2）Russia, China, Iran, and North Korea will pose the greatest cyber threats to the United States during the next year. These states are using cyber operations as a low-cost tool of statecraft, and we assess that they will work to use cyber operations to achieve strategic objectives unless they face clear repercussions for their cyber operations.

俄罗斯、中国、伊朗和朝鲜将在明年对美国构成最大的网络威胁。这些国家正在利用网络战作为低成本的工具，我们评估他们将努力利用网络战实现战略目标，除非他们的网络行动面临明显的干扰。

（3）China will continue to use cyber espionage and bolster cyber attack capabilities to support national security priorities. The IC and private-sector security experts continue to identify ongoing cyber activity from China, although at volumes significantly lower than before the bilateral US-China cyber commitments of September 2015. Most detected Chinese cyber operations against US private industry are focused on cleared defense contractors or IT and communications firms whose products and services support government and private sector networks worldwide. China since 2015 has been advancing its cyber attack capabilities by integrating its military cyber attack and espionage resources in the Strategic Support Force, which it established in 2015.

中国将继续利用网络间谍活动，加强网络攻击能力，支持国家安全事项。安全专家继续识别中国正在进行的网络活动，尽管数量远低于 2015 年 9 月双边美中网络承诺之前的数量。大多数发现的针对美国私营企业的中国网络行动目标主要集中在防务承包商，或者是产品和服务支持政府和私营部门网络的 IT 和通信公司。自 2015 年以来，中国一直整合军事网络攻击和间谍资源，来提升其 2015 年成立的战略支持部队的网络攻击能力。

（4）The Chinese People's Liberation Army（PLA）continues to modernize its nuclear missile force by adding more survivable road-mobile systems and enhancing its silo-based systems. This new generation of missiles is intended to ensure the viability of China's strategic deterrent by providing a second-strike capability. China also has tested a hypersonic glide vehicle. In addition, the PLA Navy continues to develop the JL - 2 submarine-launched ballistic missile (SLBM) and might produce additional JIN-class nuclear-powered ballistic missile submarines. The JIN-class submarines— armed with JL - 2 SLBMs—give the PLA Navy its first long-range, sea-based nuclear capability. The Chinese have also publicized their intent to form a triad by developing a nuclear-capable nextgeneration bomber.

中国人民解放军继续通过增加更多的道路移动系统和改进筒仓系统来实现其核导弹力量的现代化。新一代导弹旨在通过提供第二次打击能力来确保中国战略威慑力。中国也测试了超音速滑翔飞行器。此外，解放军海军继续开发 JL - 2 潜射弹道导弹（SLBM），并可能生产晋级核动力潜艇。晋级潜艇配备了 JL - 2 型潜射弹道导弹，为中国人民解放军海军提供了第一个远程海基核能力。中国人还公开了开发具有核能力的新一代轰炸机的意图。

(5) The United States will face a complex global foreign intelligence threat environment in 2018. We assess that the leading state intelligence threats to US interests will continue to be Russia and China, based on their services' capabilities, intent, and broad operational scope.

2018 年美国将面临复杂的全球海外情报威胁环境。根据其服务的能力、意图和广泛的业务范围，我们评估对美国国家情报最大威胁来源将继续是俄罗斯和中国。

(6) China, for example, has acquired proprietary technology and early-stage ideas through cyberenabled means.

例如，中国通过网络手段获得了专有技术和早期创意。

(7) Continued global space industry expansion will further extend space-enabled capabilities and space situational awareness to nation-state, nonstate, and commercial space actors in the coming years, enabled by the increased availability

of technology, private-sector investment, and growing international partnerships for shared production and operation. All actors will increasingly have access to space-derived information services, such as imagery, weather, communications, and positioning, navigation, and timing for intelligence, military, scientific, or business purposes. Foreign countries—particularly China and Russia—will continue to expand their space-based reconnaissance, communications, and navigation systems in terms of the numbers of satellites, the breadth of their capability, and the applications for use.

未来几年，持续的全球太空产业扩张将进一步让宇宙探索的能力和意识扩展到国家、非国家和商业太空行动者，因为技术的发展、私营部门投资的增加以及不断增加的国际伙伴关系，所有参与者将越来越多地获得涉及太空的信息服务，例如图像、天气、通信、定位、导航以及情报、军事、科学或商业目的的时间安排。外国——特别是中国和俄罗斯——将继续扩大其天基侦察、通信和导航系统的卫星数量，增强太空探索能力的广度和应用范围。

(8) Both Russia and China continue to pursue antisatellite (ASAT) weapons as a means to reduce US and allied military effectiveness. Russia and China aim to have nondestructive and destructive counterspace weapons available for use during a potential future conflict.

俄罗斯和中国都继续探索反卫星（ASAT）武器，以此作为降低美国和联合军事效能的手段。俄罗斯和中国的目标是在未来可能发生的冲突中使用无损或者破坏性的太空武器。

(9) Russian and Chinese destructive ASAT weapons probably will reach initial operational capability in the next few years. China's PLA has formed military units and begun initial operational training with counterspace capabilities that it has been developing, such as ground-launched ASAT missiles. Russia probably has a similar class of system in development. Both countries are also advancing directed-energy weapons technologies for the purpose of fielding ASAT weapons that could

blind or damage sensitive space-based optical sensors, such as those used for remote sensing or missile defense.

俄罗斯和中国的破坏性反卫星武器可能在未来几年内实现初始作战能力。中国人民解放军已经组建了相关军事部队，并开始了其开发的具有反空间能力的初始操作训练，例如地面发射的反卫星导弹。俄罗斯可能拥有类似的发展体系。两国也在推进定向能武器技术，目的是部署反卫星武器，这些武器可能会使敏感的天基光学传感器失效或受到损害，例如用于遥感或导弹防御的光学传感器。

(10) Of particular concern, Russia and China continue to launch "experimental" satellites that conduct sophisticated on-orbit activities, at least some of which are intended to advance counterspace capabilities. Some technologies with peaceful applications—such as satellite inspection, refueling, and repair—can also be used against adversary spacecraft.

特别值得关注的是，俄罗斯和中国继续发射“实验性”卫星，进行复杂的在轨活动，其中至少有一些旨在提升太空能力。一些和平应用的技术（如卫星检测、加油和修理）也可用于对抗航天器。

(11) Mexican criminal groups will continue to supply much of the heroin, methamphetamine, cocaine, and marijuana that cross the US-Mexico border, while China-based suppliers ship fentanyls and fentanyl precursors to Mexico-, Canada-, and USbased distributors or sell directly to consumers via the Internet.

墨西哥犯罪集团将继续供应大部分跨越美墨边境的海洛因、甲基苯丙胺、可卡因和大麻，而中国供应商将芬太尼和芬太尼前体运送给墨西哥、加拿大和美国的分销商或通过互联网直接销售给消费者。

(12) China's growth may decelerate as the property sector cools and if Beijing accelerates economic reforms. India's economy is expected to rebound after headwinds from taxation changes and demonetization, and the continuing upswing in emerging and developing economies could be tempered by capital outflows from a stronger dollar and monetary policy normalization in the United States and Europe.

随着房地产行业降温以及北京加速经济改革，中国的增长速度可能会放缓。印度的经济预计将在税收变化和非货币化逆转之后反弹，新兴经济体和发展中经济体的持续上涨可能受到美国和欧洲的美元走强和货币政策正常化导致的资本外流的影响。

(13) Worsening air pollution from forest burning, agricultural waste incineration, urbanization, and rapid industrialization—with increasing public awareness—might drive protests against authorities, such as those recently in China, India, and Iran.

森林焚烧、农业垃圾焚烧、城市化和快速工业化导致的空气污染加剧——随着公众意识的提高——可能会引发针对中国、印度和伊朗等当局的抗议活动。

(14) China will continue to pursue an active foreign policy—especially in the Asia Pacific region—highlighted by a firm stance on its sovereignty claims in the East China Sea (ECS) and South China Sea (SCS), its relations with Taiwan, and its pursuit of economic engagement across the region. Regional tension will persist due to North Korea's nuclear and missile programs and simmering tension over territorial and maritime disputes in the ECS and SCS. China will also pursue efforts aimed at fulfilling its ambitious Belt and Road Initiative to expand China's economic reach and political influence across Eurasia, Africa, and the Pacific through infrastructure projects.

中国将继续奉行积极的外交政策——特别是在亚太地区——强调其在东海（ECS）和南中国海（SCS）的主权要求，强调与台湾的关系及其追求的区域经济参与。由于朝鲜的核计划和导弹计划，以及南海和东海的领土和海上纠纷，区域紧张局势将持续存在。中国还将努力实现雄心勃勃的“一带一路”倡议，通过基础设施项目扩大中国在欧亚大陆、非洲和太平洋地区的经济影响力和政治影响力。

(15) Democracy and human rights in many Southeast Asian countries will remain fragile in 2018 as autocratic tendencies deepen in some regimes and rampant

corruption and cronyism undermine democratic values. Countries in the region will struggle to preserve foreign policy autonomy in the face of Chinese economic and diplomatic coercion.

2018 年，许多东南亚国家的民主和人权将依然脆弱，某些政权中的专制倾向加深，腐败和任人唯亲，破坏民主价值。面对中国的经济和外交压力，该地区的国家将努力维护外交政策的自主权。

（16） Pakistan will continue to threaten US interests by deploying new nuclear weapons capabilities, maintaining its ties to militants, restricting counterterrorism cooperation, and drawing closer to China.

巴基斯坦将继续通过部署新的核武器能力、维持与武装分子的联系、限制反恐合作以及拉近与中国的距离，来威胁美国的利益。

（17） We expect relations between India and China to remain tense and possibly to deteriorate further, despite the negotiated settlement to their three-month border standoff in August, elevating the risk of unintentional escalation.

尽管通过谈判解决了（2017 年）八月份持续三个月的边界僵局，我们预计印度和中国之间的关系仍会紧张并有可能进一步恶化，增加了局势意外升级的风险。

（18） China will probably continue to expand outreach to Central Asia—while deferring to Russia on security and political matters—because of concern that regional instability could undermine China's economic interests and create a permissive environment for extremists, which, in Beijing's view, could enable Uighur militant attacks in China.

中国可能会继续扩大在中亚的势力范围，同时在安全和政治问题上顺从俄罗斯，因为担心地区不稳定为极端主义分子创造宽松的环境，使维吾尔族武装分子在中国发动袭击，并会损害中国的经济利益。

附录二：2018 年美国情报界全球威胁评估听证口述汇报涉华内容

（1） Chinese cyber espionage and cyber attack capabilities will continue to support China's national security and economic prioritics.

中国网络间谍和网络攻击能力将继续支持中国的国家安全和经济事务。

(2) Russia and China will continue to expand space-enabled capabilities and situational awareness to nation-state and commercial space actor in the coming years.

中国和俄罗斯未来几年将继续增强太空探索能力并增强国家主体和商业主体的太空意识。

(3) And…both Russian and Chinese couterspace weapons will mature over thc next few years.

中国和俄罗斯的反太空武器都将在接下来的几年里成熟起来。

(4) China will increasingly seek to expand its regional influence and shape events and outcomes globally. It will take a firm stance on its claims in the East China Sea and South China sea, its relations with Taiwan, and its regional economic engagement. China also intends to use its One Belt, One Road Initiative to increase its reach to geo-strategic locations across Eurasia, Africa, and the Pacific.

中国将继续寻求扩大地区影响，打造全球事件和成果。在台湾问题、东海问题和南海问题上采取“坚定的立场”，并借助“一带一路”倡议在欧亚大陆、非洲和太平洋地区获取地缘政治利益。

《网络法学研究》2018年卷
第101～116页

中国和欧盟网络安全问题和最新立法评鉴

栗向霞*

摘　要：本文借《网络安全法》实施一周年有余之际，通过比较分析我国和欧盟当下所面临的主要网络安全威胁，明晰我国移动互联网安全问题要明显严重于欧盟。为了更有力地应对网络安全这一全球性安全威胁，在分析我国《网络安全法》的立法优势与不足之处的同时，较为详细地介绍了欧盟自2013年以来主要的网络安全战略和立法，为完善我国网络安全立法制度提出了可资借鉴的意见，为我国如何在国际网络安全治理的国际舞台上拥有自己的一席之地提出了应该完善的战略方向。

关键词：网络空间　网络安全　网络犯罪　网络安全立法

人类社会从20世纪80年代开始，已经逐渐完成了从工业社会向信息化社会转型的蜕变，社会文明的高度信息化使得社会进步和计算机网络技术相互依存，时至当下，离开计算机网络信息技术，人类社会已是“寸步难行”。计算机和网络的普及催生信息化提高各种行为的效率，给人类社会进步提供极大的技术支持的同时，其负面效应、网络违法和犯罪、暗网、黑客、个人隐私和信息安全、国家战略和安全等也在不断刺激和挑战人类固有的社会和道德规则，网络安全已经在全球范围内上升为和传统安全同等重要的威胁因素。为了减少网络安全给社会造成的危害和阻止危害网络安

* 栗向霞，女，1983年3月生，河南安阳人，奥地利维也纳大学博士后研究员，奥地利维也纳大学法学博士。

全的各种违法犯罪行为，《中华人民共和国网络安全法》于 2016 年 11 月 7 日经第十二届全国人大常委会第二十四次会议表决通过，于 2017 年 6 月 1 日起正式施行。作为我国网络安全领域的基础性法律，网络安全法一直备受国内外各界的关注。为了应对网络安全问题，欧盟于 2013 年 1 月在荷兰海牙正式成立欧洲网络犯罪中心，以应对日益增加的网络犯罪。2013 年 2 月欧盟委员会通过了《欧盟的网络安全战略：开放、安全和坚固的网络空间》，2016 年 4 月 27 日欧盟议会和委员会通过了《保护自然人的个人信息和个人信息自由流动的 2016/679 条例》，2016 年 7 月 6 日发布了《欧盟高级别网络和信息系统安全措施的 2016/1148 指令》。2017 年 10 月 3 日，欧盟议会（European Parliament）通过了一项打击网络犯罪的非立法决议（European Parliament resolution of 3 October 2017 on the fight against cybercrime）2017/2068（INI）。由此可见，在世界范围内，各国在对互联网进行必要的管理和控制方面已经逐步达成共识。“据统计，世界上有 90 多个国家制定了专门的法律保护网络安全。分析来看，在管控手段方面，有的国家通过专门的国内立法进行管制，如美国、澳大利亚、新加坡、印度等；有的国家则积极开展公私合作，推动互联网业界的行业自律以实现网络管制，如英国。在管控对象方面，主要涵盖关键基础设施的安全、网络信息安全和打击网络犯罪等方面。”①

一　中国和欧盟网络安全问题聚焦

网络安全泛指网络系统的硬件、软件及其系统中的数据受到保护，不受偶然或者恶意的原因而遭到破坏、更改、泄露。系统连续可靠正常地运行，网络服务不被中断。网络安全的内容包括了系统安全和信息安全两个方面。系统安全主要指网络设备的硬件、操作系统和应用软件的安全；信息安全主要指各种信息的存储、传输安全。具体体现在保密性、完整性和

① http://www.netsys.cn/content/339.html，访问时间：2018 年 8 月 19 日。

不可抵赖性上。“影响网络安全的因素主要有两个方面。第一是网络本身的脆弱性。计算机网络本身由于系统主体和客体的原因可能存在不同程度的脆弱性，从而使一些别有用心的人有机可乘，利用黑客攻击、计算机病毒感染传播和拒绝服务攻击威胁网络安全。第二，内部操作不当和管理漏洞造成的影响。由于大部分的网络用户并非计算机专业人员，在配置和管理信息系统时难免发生操作失误，从而使信息泄露。信息系统内部管理漏洞指由于信息系统内部缺乏健全的管理制度或制度执行不力，内部人员私自恶意违规而产生的网络威胁。”① 网络安全既是全新的安全，也是最大的安全。因为网络安全包含个人安全、政府安全、国家安全以及政治安全、经济安全、军事安全、个人和集团的财产安全等等社会方方面面的安全。

（一）中国网络安全现状

2018 年，告别了 2017 年人工智能的热潮，互联网时代，热点技术的交换更迭成了一种新的常态，在迎来送往的过程中，我们已经经历了大数据、云计算 VR/AR 和人工智能等等小热潮。但是网络安全却一直是个长盛不衰的话题，国家和民众逐渐对网络安全的认识也上升到了一个新的高度。然而，不可忽视的现实是国际格局下中国网络安全形势复杂化、多元化和新型化。在新一轮信息技术革命的带动下，相关新兴产业，如物联网、共享经济、移动支付和互联网金融等新形态竞相涌现，为了不落后于时代的进步，大量传统产业开始积极谋求数字转型，全面接纳“互联网 +”，新的网络安全问题也随之充斥在网络的各个黑暗角落里。根据《2017 年度互联网安全报告》，中国网络安全问题主要聚焦于：（1）恶意软件与恶意网址，恶意网址多为色情和赌博类；（2）病毒和漏洞威胁，勒索病毒爆发性增长，办公人群成主要“敲诈”对象，多数恶意程序为木马，已成为网络黑客首选攻击方式，漏洞危害日益严重；（3）反网络黑客诈骗和网络传销，非法

① https://wenku.baidu.com/view/13473d01b94ae45c3b3567ec102de2bd9605deee.html，访问时间：2018 年 8 月 19 日。

诈骗类短信一家独大，骚扰电话、伪基站瞄准经济发达地区，银行及电信运营商成为最大仿冒对象，网络金融诈骗引入传销手法，P2P 平台潜在风险最高；（4）数字加密货币引发的网络安全问题，如比特币等数字加密货币引起的 2017 "炒币" 风暴，"勒索" "盗窃" 和 "木马" 成为数字加密货币三大网络安全威胁；（5）网络攻击加剧企业安全危机，治理机制亟待改善，针对企业的病毒攻击方式呈现多样化发展，企业应对网络攻击需建立全套威胁应对机制；（6）信息安全问题突出，如 "家庭摄像头遭入侵" 和 "WiFi 设备 WAP2 安全协议遭破解"；（7）二维码 "藏毒" 手段流行，直接威胁用户数据隐私和财产安全；（8）传统食药领域，互联网的融合引发了一定的食品药品不规范问题，为监管带来困难；（9）移动网络安全问题，如手机病毒、Android 手机漏洞、共享单车扫码诈骗、勒索病毒伪装成网络游戏辅助工具袭击移动设备、网络购物网站泄露用户信息助长电话诈骗、病毒伪装 "Google Play" 盗取用户隐私、手机共享充电可能会泄露个人隐私、安卓爆重大安全漏洞黑客可以任意篡改 App。

（二）欧盟网络安全威胁

网络安全不仅仅是中国面临的一大威胁，对于欧盟和其成员国来说同样是一个棘手的安全隐患，这几年欧盟各个成员国因网络犯罪等网络安全问题遭受的损害也在与日俱增。欧盟议会在针对网络违法犯罪等问题上指出欧盟的网络安全政策 "谴责任何由外国或者其组织承担或指导的非法干扰他国计算机网络系统的旨在破坏其民主程序的行为"。欧盟议会进一步指出："民众防范网络犯罪引起的风险意识虽然有所增强，但是个人用户、公共组织和商业领域的预先警戒措施仍完全不足，其主要原因是缺乏相关知识和资源。" 从欧盟议会这几年通过和发布的法律和非法律文件来看，目前欧盟各成员国面临的网络安全问题由如下几类[①]：（1）利用僵尸网络，在未

① https://www.europol.europa.eu/crime-areas-and-trends/crime-areas/cybercrime，访问时间：2018 年 8 月 21 日。

经用户授权和知情的同时利用恶意软件感染网络设备，传播网络病毒以获取非法远程控制计算机设备，偷窃密码和破坏反病毒保护软件；（2）网络贩卖儿童、儿童色情、儿童性剥削，各种形式的网络儿童性剥削，包括在网上散布儿童性虐待和实时流媒体的儿童性虐待；（3）在防范能力弱的计算机网络设备上创建“后门”以方便网络盗窃钱财和数据资料或者远程登录“肉鸡”计算机设备以创建“僵尸网络”；（4）创建网络论坛以交易黑客知识和技术；（5）防弹主机和创建反防病毒服务，这些服务通常被利用来发垃圾邮件，在线赌博或者网络色情等；（6）传统货币和虚拟货币的网络洗钱犯罪；（7）实施网络诈骗，例如通过网络付款系统、梳理和社会工程；（8）在线操作涉及出售武器，假护照，假冒和克隆信用卡，毒品和黑客服务的业务；（9）网络攻击，会破坏或令欧盟成员国的重要基础设施或者信息系统瘫痪：（10）计算机高技术犯罪，主要是恶意软件，用于渗透或控制计算机系统或手机移动设备以窃取有价值的信息或破坏数据。恶意软件的类型有很多，它们可以在执行攻击时相互补充，常见的恶意软件有僵尸网络、隐藏程式、蠕虫、特洛伊木马、文件感染器、后门/远程登录木马、勒索软件、恐吓性软件、间谍软件/后门程式和广告软件/广告程式等。

二　中国网络安全立法评析

中国的网络信息技术目前在世界范围内的发展速度居于前列，在技术发展的同时，文化道德和法律等配套措施却并未齐头并进，尤其是法律和网络信息技术的不匹配，给网络犯罪等不法行为制造了可乘之机，网络安全成了亟待解决的战略问题。在2017年《网络安全法》生效之前，中国未制定关于网络安全的基本法，已有规定大多散见于层次较低的法律法规或者部门规章之中，已经难以满足现实的需要。[①] 已经生效实施的《网络安全

① 王玫黎、曾磊：《中国网络安全立法的模式构建——以〈网络安全法〉为视角》，载《电子政务》2017年第9期。

法》共七章 79 条。有报道称《网络安全法》不是中国的专利，西方国家早就有了类似条文。美国国家标准与技术研究所还发布过《关键基础设施网络安全框架》，从大数据、情报、应用隔离、物联网安全、软件安全定义等多层次，做出了具体、明确的规定。[①] 时至今日，《网络安全法》已经实施一周年有余，作为我国网络安全的基本法，提出了网络安全法制的基本制度框架。[②] 与欧盟等西方国家的立法相比，具有如下优势和不足之处。

（一）网络安全法的优势

《网络安全法》涵盖范围极广，其提出的《网络安全法》的全局性制度框架，旨在监管网络安全、保护个人隐私和敏感信息以及维护国家网络空间主权安全。《网络安全法》的颁布标志着中国在打击网络犯罪方面至少已经迈入一个重要阶段。其优势主要体现在以下几个方面。

1. 明确提出了我国的网络安全战略

习近平总书记提出网络安全和信息化是事关国家安全和国家发展、事关广大人民群众工作生活的重大战略问题，要从国际国内大势出发，总体布局、统筹各方、创新发展，努力把中国建设成为网络强国。[③] 习总书记关于网络安全战略的提法在《网络安全法》总则有明确体现，比如第 4 条国家制定并不断完善网络安全战略，明确保障网络安全的基本要求和主要目标，提出重点领域的网络安全政策、工作任务和措施。第 7 条国家积极开展网络空间治理、网络技术研发和标准制定、打击网络违法犯罪等方面的国际交流与合作，推动构建和平、安全、开放、合作的网络空间，建立多边、民主、透明的网络治理体系。

2. 范围覆盖广泛

《网络安全法》作为我国网络安全的基本法，其覆盖范围十分广泛，包

① https://www.guancha.cn/america/2016_12_02_382617.shtml，访问时间：2018 年 8 月 26 日。

② 刘金瑞：《〈网络安全法〉实施一周年配套立法的回顾与展望》，载《中国信息安全》2018 年第 7 期。

③ 黄道丽：《我国网络立法的目标、理念和架构》，载《中国信息安全》2014 年第 10 期。

括关键信息基础设施保护制度、网络安全等级保护制度、个人信息保护制度、网络信息内容管理制度、网络产品和服务管理制度、网络安全事件应急响应制度［类似于欧盟计算机紧急事件应急小组（Computer Emergency Response Team，CERTs）］等。网络安全基本法事关国家和人民的切身利益，如今的网络安全几乎涉及现代社会运行发展的各个领域，因此网络安全法作为网络空间安全的“小宪法”做出全面的规定有助于提纲挈领地引领网络安全制度的建设，保护整个社会和人民的切身利益不受网络违法犯罪的侵害。

3. 网络空间主权的确定

《网络空间法》第2条规定在中华人民共和国境内建设、运营、维护和使用网络，以及网络安全的监督管理，适用本法。该条是从司法管辖权的属地原则强调《网络安全法》的适用范围和我国的网络司法管辖权，间接明确了网络空间主权。网络空间主权其实早有学者论及，但是网络空间主权在法律文件中确定还是首次。网络空间主权是国家主权在网络空间的延伸。网络用户的行为转移到网络空间中，并不意味着在这样一个虚拟空间中人们可以为所欲为，其行为就可以不受管辖。为了应对网络互联互通的特性带来的网络安全扁平化发展趋势，各国都意识到，只有加强国际合作方能抵御网络风险，通过让渡部分主权或自我限制主权的手段以促成国家之间的协调合作，而这一切的逻辑起点是承认各国的网络主权。[①]《网络安全法》以网络空间主权原则为主线，维护中国的网络空间安全并致力于在网络空间治理上走在世界的前端。

（二）网络安全法的不足

虽然网络安全法在我国网络安全立法上可以被认为建立严格的网络治理指导方针的一个重要里程碑，但是较之欧盟网络安全立法，仍有不足之处尚待完善。

---

① 李鸿渊：《论网络主权与新的国家安全观》，载《行政与法》2008年第8期。

1. 概念术语条款的后置

我国《网络安全法》把条文中的概念术语置于行文的最后附则当中，而欧盟的《保护自然人的个人信息和个人信息自由流动的 2016/679 条例》和《欧盟高级别网络和信息系统安全措施的 2016/1148 指令》则是把重要的概念术语放在了开篇的总则性条款中。我国《网络安全法》的这一条文结构的设置除了不符合国际立法惯例以外，也不符合用者的阅读习惯，想要了解法律的民众必须一直带着对某些术语的不理解，直到最后才豁然开朗，这样的设计不利于网络安全法在民众中的推广和适用。法律的设计不是专为特定的专业技术人员制定，而是为了社会的所有成员而定，法律不应艰辛晦涩，应该较为通俗易懂方便老百姓查阅和使用。

2. 相关制度简单笼统

《网络安全法》作为我国网络安全法的基本法，虽然提出了网络安全法的基本制度框架，比如关键信息基础设施保护制度、个人信息保护制度、网络安全等级保护制度、网络信息内容管理制度、网络产品和服务管理制度、网络安全事件应急响应制度等。但是这些制度的设计都简单笼统，缺乏细节性的落实机制。

3. 网络空间司法管辖权规定过窄

网络空间的司法管辖权实际上是一个国家主权的体现，我国《网络安全法》第 2 条规定在中华人民共和国境内建设、运营、维护和使用网络，以及网络安全的监督管理，适用本法。该条实际上是网络安全违法犯罪行为的司法管辖权。但是从本条的行文用语上来看是基于属地管辖权确立的网络空间的司法管辖权，对于中国公民在国外实施的网络安全违法犯罪活动或者外国人在我国境外实施的网络安全违法犯罪活动的司法管辖权却没有论及，对于作为网络安全领域的“小宪法”来说，缺乏基于属人原则、保护原则和普遍管辖原则确立的司法管辖权的规定尤为遗憾，对于维护我国网络空间主权存有漏洞，不利于维护我国国家和人民的切身利益。

4. 缺乏国际和地区合作机制

我国《网络安全法》格局不够开阔，通篇未提及网络安全的国际和地区合作机制。网络安全是个全球性问题，网络的无国界性和多层次性决定了网络安全的跨国性，即便是举一国之全力也未必能解决这个难题的十分之一。实践当中的大量网络安全事件和网络犯罪其实都是跨国性的。我国《网络安全法》把视野仅仅限制在我国范围内，丝毫未提及国际和地区的合作机制问题，难免显得格局太狭隘，当然，笔者推测立法者未论及网络安全的国际和地区合作是出于我国国家战略安全的需要。但是当今的世界上任何一个国家都不可能再是茫茫宇宙中的一个未知的"星球"，缺乏开放的战略眼光，是不能在网络安全全球性的战略部署中占据优势地位的。要解决跨国性的网络安全问题，需要有全球性的视野和大的格局，需要在国际上以及地区之间建立有效的合作机制。

5. 跨国网络违法犯罪活动法律责任追究机制的缺失

我国《网络安全法》第 75 条规定，境外的机构、组织、个人从事攻击、侵入、干扰、破坏等危害中华人民共和国的关键信息基础设施的活动，造成严重后果的，依法追究法律责任；国务院公安部门和有关部门可以决定对该机构、组织、个人采取冻结财产或者其他必要的制裁措施。该条是对跨国网络违法犯罪活动的法律责任的规定，但是基于司法管辖权的原则，我国要想对不在我国境内的违法犯罪活动追究法律责任的难度很大，没有区域、国际或国与国之间的司法协助，对跨国网络违法犯罪活动法律责任的追究的可能性基本为零。《网络安全法》只规定了要追究跨国网络违法犯罪活动的法律责任，但是追究什么样的法律责任、如何追究法律责任（建立司法协助制度）却未有论及。

三　欧盟网络安全立法动态评析

自 2013 年以来，欧盟无论是在立法、政策导向，还是在实践上一直在不断加强对网络安全的管理和应对措施。其立法既有宏观策略层面的政策指引，也有微观层次上针对特定网络安全威胁的立法决议或指令，用以指导其成员国的相关网络安全立法。

（一）宏观战略指引

2013 年 2 月欧盟委员会通过了《欧盟的网络安全战略：开放、安全和坚固的网络空间》，正如在其前言中所言，在过去的 20 年当中，网络和广阔的网络空间已经对我们社会的方方面面产生了巨大的影响。一个开放和自由的网络空间可以促进世界范围内的政治和社会包容，打破不同国家、社会之间的壁垒，容许信息和思想在全球的交流与分享，为言论自由和基本权利的实施提供开放的论坛，赋予人民追求民主和更公正的社会的权利。为了维护开放、自由的网络空间，欧盟及其成员国在线下现实社会中适用的规则原则和价值体系同样适用于网络空间，基本权利、民主法律规则在网络空间里应予以同等的保护。该战略的核心内容包括了如下几个方面。

1. 网络空间的基本原则

网络的无国界性和多层次性已经成为没有政府监督和监管的全球进步的最有力工具之一。对网络空间透明性、可靠性和安全性的要求越来越迫切，欧盟为其成员国和国际社会界定了以下几个原则作为网络安全的指引：（1）适用于现实世界的欧盟的核心价值同样适用于数字空间；（2）保护基本权利、言论自由、个人数据和隐私；（3）所有人均可以访问；（4）民主和有效的多利益相关方治理；（5）确保安全的分段责任原则。

2. 战略优先事项和活动

欧盟承认处理网络安全的挑战的任务主要属于其成员国，但是该战略同时也提出为了提高欧盟整体的执行力也可以采取一些短期或长期的特别行动，包括如下不同的政策工具和涉及不同类型的行动者（欧盟组织机构、成员国或者行业）的战略优先事项和活动：（1）实现网络弹性，为了防范和打击跨界的网络风险和威胁，构建紧急情况下的应对措施，公共机构和私人部门都应该提高防范和合作能力；（2）大幅减少网络犯罪；（3）发展有关共同安全和防御政策（the Common Security and Defence Policy，CSDP）的网络防御政策和能力；（4）发展网络安全的工业和技术资源；（5）为欧盟建立连贯的国际网络空间政策，促进欧盟核心价值观。

3. 角色和责任

网络事件不会停留在互相连接的数字经济和社会的边界。所有的行动者，包括网络和信息系统安全主管当局（Network and Informationsystem Security, NIS）、计算机紧急事件应急小组（Computer Emergency Response Team, CERTs）、执法当局和国防部门都应该在国家和欧盟层面承担起加强网络安全的责任。鉴于网络安全问题的复杂性和涉及的参与者众多，集中的欧洲监控不是理想的答案，各国政府应该致力于在其既定的政策和法律框架内预防和应对网络事件和攻击，并致力于私营和公共部门之间的联系和合作。同时由于网络危险的潜在性和无国界性，有限的国家应对通常需要欧盟的参与，在此过程中欧盟和成员国的角色和责任如下。（1）网络和信息系统安全主管当局、计算机紧急事件应急小组、执法和国防部门之间的合作和协调。国家层面，欧盟成员国应该有处理网络复原力、网络犯罪和预防的机构，在其国家的网络安全战略中阐明其各个国家实体的作用和责任；欧盟层面，欧盟网络和信息安全局（European Union Agency for Network and Information Security, ENISA）、欧洲刑警组织之下的欧洲网络犯罪中心（European Cybercrime Cent, EC3）和欧洲防务局（European Defence Agency, DEA），分别作为NIS，执法部门和国防部门网络安全的管理机构，这些机构设有成员国代表的管理委员，为欧盟成员的网络安全提供协调的平台；国际层面，欧盟委员会和高级代表与成员国一起协调网络安全国际行动，委员会、高级代表和会员国在网络安全战略和政策方面与欧洲委员会、经合组织、欧安组织、北约和联合国等国际组织展开对话。（2）欧洲支持应对发生的重大网络事件和网络攻击。重大网络事件和网络攻击会对欧盟政府、商业和公民个人产生重大影响，对网络事件的预防、检测和响应应该得到改善，成员国和委员在重大网络事件和网络攻击中加强信息交流。尽管如此，对重大网络事件和网络攻击的反应机制会因其性质、程度和跨境影响而有所不同。

4. 结论和后续行动

欧盟的此项网络安全战略推进了委员会、高级代表在外交事务和安全方面的政策，在保护公民权利、构建欧盟的安全网络环境的基础上，勾勒了欧盟的网络安全的愿景和要求。愿景的实现只能通过行动参与者之间真正的合作、责任承担和对未来挑战的应对。

（二）最新微观立法

欧盟网络安全战略通过后，自 2016 年以来，欧盟议会和委员会又先后通过了《保护自然人的个人信息和个人信息自由流动的 2016/679 条例》《欧盟高级别网络和信息系统安全措施的 2016/1148 指令》和一项打击网络犯罪的非立法决议（European Parliament resolution of 3 October 2017 on the fight against cybercrime）2017/2068（INI）。这三部立法又从细节上填补了 2013 年欧盟网络安全策略的粗鄙以及前网络安全立法的不足和落后。

1. 2016/679 号条例的主要内容

2016/679 号条例开篇用（1）至（173）条交代了其立法宗旨和背景，其后用十一章 99 条概况了其主要内容：（1）第一章总则主要规定了主题和目标、适用范围、领域范围和相关术语概念；（2）第二章法律原则包括了处理与个人数据有关的原则、合法性原则、同意条件原则、适用于信息社会服务中的儿童同意条件原则、处理特殊类别的个人数据原则、处理与刑事定罪和犯罪有关的个人数据原则、处理不需要识别信息主体的个人数据原则；（3）第三章数据主体的权利涉及数据主体权利实施过程中信息沟通的透明度和沟通方式，信息和个人数据的访问，信息主体的访问权、纠正权、删除权和限制处理权，关于纠正、删除或限制处理个人数据的通知义务，数据移植权，反对和自动化个人决策的权利，对权利的限制；（4）第四章个人数据的控制器和处理器，包括了控制器方的责任、设计和默认的数据保护、共同的数据控制者、不在欧盟境内设立的控制器或者处理器、在控制器和处理器授权下的个人数据处理、个人数据处理记录、和监管主体的合作、个人数据的安全、数据保护对评估和事先咨询的影响、数据保护官方机构、行为守则和认证；（5）第五章个人数据向第三国和国际组织的传送，包括个人数据传送的一般原则、在充分性决定的基础上进行个人数据的传输、个人数据传送受合适的保护、企业约束原则、未经欧盟法律授权的个人数据传送和披露、针对特定情况的个人数据传送的限制和个人数据保护的国际合作；（6）第六章独立监督机构主要规定了监督主体的独立地位，其成员的一般条件及其设立规则，监督机构的能力、任务、权力和监督活动的报告；（7）第七章合作和协调主要包括了成员国在个人数据处理上的相互合作、帮助、与监管机构的联合行动、机制的一致性、欧洲数据保护董事会的意见、董事会的争议解决机制、紧急程序、监管机构和董事会之间的信息交换、欧洲数据保护董事会，董事会的任务、报告、程序、董事会主席、主席的任务、董事会秘书、保密条款；（8）第八章补救措施、责任和处罚，主要包括了向监管机构投书的权利、获得针对监管机构及控制器和处理器的有效司法救济的权利、数据主体的代表、暂停诉讼程序、获得赔偿的权利和责任、行政处罚的一般条件、处罚；（9）第九章是关于特殊审核情况的条款，其主要内容规定了审核表达和信息的自由，审核公开访问官方档案，审核国家识别代码，就业背景下的雇员个人信息的审核，为了公众利益、科学、历史研究或数据统计的公共利益存档的保障和减损，保密责任，教会和宗教协会的现有数据保护规则；（10）第十章为委托和实施行为，该章包括了委托的实施和委员会程序；（11）第十一章最终条款，主要内容包括了对95/46/EC号指令的废除、与先前达成的协议的关系、委员会的报告、审查联盟其他关于数据保护的法律行为和生效和使用。

2. 2016/1148 号指令的结构框架

《欧盟高级别网络和信息系统安全措施的2016/1148指令》的（1）~（75）交代了本指令的立法背景和对相关主体的约束力和其应该在本指令的要求下采取的措施。主要内容共7章27条和两个附件：（1）第一章总则包括了本指令适用的主题和范围、对个人数据的处理、成员国之间的最低限度协调、相关概念、基本服务运营商身份的识别、重大破坏性影响；（2）第二章网络和信息系统安全的国家框架，主要条款为对网络和信息系统安全的国家战略、国家主管部门和单一联络点、计算机安全事件反应小组（CSIRTs）、国家层面的合作；（3）第三章合作包括合作小组（CSIRTs）、网络、国际合作；(4) 第四章基本服务运营商的网络和信息系统安全，核心内容主要为安全要求和网络安全事件通知、指令的实施和执行；(5) 第五章管辖权和地域性；(6) 第六章标准化和网络事件的自愿通知；(7) 第七章最后条款，包括处罚措施、委员会程序、对网络信息系统安全工作的回顾、过渡措施、成员国对本指令的国内法转化、生效和成员国的签署；(8) 附件一对计算机安全事件反应小组（CSIRTs）的要求及其任务；(9) 附件二为指令第 4 条第四款之目的的实体类型。

3. 2017/2068 号决议的核心议题

为了应对日益严重的网络犯罪，欧盟议会于 2017 年 10 月 3 日又通过了一项打击网络犯罪的最新决议。该决议共 89 条，主要内容包含以下几个方面：(1) 决议通过的背景 (2) 决议通过的综合考虑；(3) 决议打击的主要网络犯罪类型；(4) 提高服务商的责任和义务；(5) 加强警察和司法合作；(6) 电子证据；(7) 欧洲层面对抗网络犯罪的能力建设；(8) 改善和第三国的合作。

四　未来的走向：中国和欧盟网络安全政策和立法的相互借鉴

网络安全治理从来都是个难题，不仅是因为技术层面的问题，而且地区和国与国之间社会、文化和法律制度的不同更加大了网络安全治理的难度。为了应对技术手段不断更新的网络违法犯罪，除了网络安全技术要不断提升外，立法的改进和完善也势在必行。

（一）网络安全问题趋势

网络安全问题不会因为立法的加强而减少，而是会随着计算机网络技术的发展不断地翻新和膨大。比如随着移动互联网技术的不断更新，手机 web 浏览器攻击将倍增，Android 系统会受远程设备劫持、监听、物联网危机也将不断加深，木马病毒、短信和电话诈骗将联合作案，勒索软件蠕虫化，以 DVR 设备为目标的蠕虫被黑客用来组建僵尸网络，感染家庭路由器、机顶盒和安全摄像头等能够联网的家用设备，各类网络犯罪会通过各种计算机信息系统漏洞呈现爆发式的增长，区块儿链安全也将迎来新的挑战。面对层出不穷的新的网络安全问题，各部门必须做好充足的准备，以打击和防范潜在的网络威胁。

（二）网络安全政策和立法的借鉴和完善

从中国和欧盟对网络安全的立法来看，双方都在积极地融入和加强网络国际治理，在网络国际立法上发出自己的声音。为了加强网络安全防范，实现我国网络强国的目标，中国的网络安全立法在立足本国国情的基础上，也应该借鉴西方网络安全政策和立法的优势所在。

1. 概念条款前置

跟欧盟的相关网络安全立法不同，我国《网络安全法》的概念条款被设置于行文之末的第 76 条，建议可以把概念条款前置于行文之首的总则中，不是为了崇洋媚外必须与国际惯例一致，而是方便理解和应用，也符合人们的阅读习惯，不用一直处于一知半解的状态下直到最后才理解了通篇的相关概念所谓何物。

2. 完善网络空间司法管辖权

网络空间的司法管辖权规定在《网络安全法》的第二条，但是该条仅是基于属地管辖权对网络违法犯罪行为的司法管辖权，但是在全球化的当今，大部分的网络违法犯罪活动都是跨国性的，对此类网络安全事件的司法管辖权缺乏规定不利于我国国家主权的行使。建议增补基于属人原则、保护原则和普遍原则确立的司法管辖权的规定，以更好地保护我国国家和公民的利益。

3. 通过配套立法完善相关制度

作为我国网络安全法的基本法，虽然提出了网络安全法的基本制度框架，各项保护制度也比较周延，但是这些制度都简单笼统，缺乏可操作性。虽然自 2017 年 6 月 1 日《网络安全法》实施以来，国家互联网信息办公室、工业和信息化部和公安部等相关部门一直在不断出台或制定与《网络安全法》相关的配套规定，比如《关键信息基础设施安全保护条例（征求意见稿)》《网络安全等级保护条例（征求意见稿)》和《网络产品和服务安全审查办法（试行)》等等，但是网络安全问题层出不穷，要求立法机关要时刻关注和更新与网络安全相关的配套立法制度。

4. 加强国际和地区网络安全技术和司法合作

网络安全问题的跨国性要求不能仅仅把眼光投放在自己国家内部，想依靠一国之力解决一个全球性的问题是无妄之谈。我国《网络安全法》通篇未论及跨国网络安全事件的国际、区域合作机制问题，这对于我国融入网络安全的全球化治理是极为不利的，很难在网络安全全球性的战略部署中占据优势地位。另外，虽然《网络安全法》规定了要追究跨国网络违法犯罪活动的法律责任，但是怎么追究，通过何种途径追究（比如双边司法协助）却没有论及，建议增补网络安全的国际和区域合作机制以及跨国网络违法犯罪的法律责任追究机制。

《网络法学研究》2018 年卷
第 117 ~ 131 页

域外数字经济立法现状的体系化考察

——简述我国数字经济立法现状

商希雪*

摘　要： 从世界范围内来看，数字经济已经成为当前各国的立法重点，截至目前，只有英国已推出了完整名称的《数字经济法》，尽管在规定内容上并不如其名称一样，未完全涵盖数字经济领域。美国与欧盟也正在对数字经济有关的事项进行调研和论证，各自的立法机构发布了一系列的调查报告、政策性文件、工作记录等官方文件，反映了对数字经济立法的态度与趋向。其中，对于数字经济的立法内容，主要涉及的事项包括：数据本地化的限制、数据的跨境自由流动、数据的共享与再利用等。除了国内立法，同时需要注意的是，数字经济的国际贸易规则也备受关注。对于国际数字贸易，近年来，美国、加拿大和欧盟已经制定了确保信息跨境流动的非约束性贸易条款。以下将具体介绍引领数字经济立法前沿的国家与地区（欧盟、美国、英国）在数字经济立法方面的现实实践与立法进程，本文不仅介绍国外的法律规范，而且将解读相关的最新法律报告，以此推断国外数字经济立法的态度与未来趋向。

关键词： 数字经济　域外立法　欧盟　美国　英国

当前我国的数字经济正以日新月异的速度处于蓬勃发展中，腾讯研究院发布的《中国“互联网 +”指数报告（2018）》显示，2017 年全国数字

* 商希雪，中国政法大学刑事司法学院教师。

经济体量为26.70万亿元人民币，较去年同期的22.77万亿元增长17.24%，数字经济占国内生产总值（GDP）的比重由30.61%上升至32.28%。中国信息化百人会在京发布的《2017中国数字经济发展报告》显示，我国2016年的数字经济规模居全球第二位。因此，为进一步规范数字经济产业，以及为数字经济发展提供有力的法律支持，对我国数字经济立法的论证与调研，已经迫在眉睫。

一　欧盟数字经济立法的进程

目前欧盟对数字经济立法的关注点主要围绕以下三个方面：（1）限制数据本地化；（2）促进数据跨境自由流动；（3）推动“数据共享”与“数据再利用”。

（一）限制数据本地化的立法

（1）2018年5月生效的《欧盟数据保护通用条例》（The General Data Protection Regulation，GDPR）原则上禁止或限制个人数据的自由移动，除了一些合理的限制，比如税法或会计法下对个人数据的处理，值得注意的是，GDPR不适用于非个人数据。

（2）对非个人数据进行存储与处理的限制，以及并非出于保护个人数据的原因对个人数据存储与处理进行的限制，应经过欧盟立法框架的评价[①]。主要涉及的欧盟法律文件（相对于GDPR，作为次一级的立法）包括：①《里斯本公约》（Treaty on the Functioning of the European Union，TFEU），该指示禁止限制向另一个成员国提供信息社会服务的自由，并禁止会员国在获得事先授权或任何具有同等效力的其他要求的情况下，从事信息社会

① This is the list of main relevant EU secondary legislation. Other instruments might have to be taken into account when assessing specific restrictions, such as Directive 2009/101/EC (company law) which requires storing and disclosing information on limited liability companies in Member States' business registers in order to ensure the transparency and legal certainty.

服务提供者的活动;[①] ②欧盟 2006/123 / EC 号指令（服务指令）规定了服务商的服务行为在访问与执行事项上的授权机制或其他要求事项，目的是要确保服务提供者在其设立的成员国以外的其他成员国提供服务的权利，以防止成员国对服务接收者施加额外要求以限制其他成员国服务商在其本土提供服务；③欧盟 2015/1535 号指令（透明度指示）规定了一种机制，旨在防止成员国通过信息社会服务规则，包括可能对内部市场的服务自由流动造成障碍的数据存储或处理服务。根据该指令，欧盟委员会和各成员国可向其他成员国提出详细意见，告知说明一项措施草案，对可能妨碍服务自由流动的方面表示关注。

（二）促进数据跨境流动的举措

（1）2013 年，欧洲国际政治经济中心（ECIPE）一个报告发现，如果欧盟采取过于严厉的数据保护规则时，欧盟的 GDP 可能会降低 0.08% ~ 1.3%，欧盟的出口可能会下降 11%。[②]

（2）2018 年 5 月生效的欧盟 GDPR 要求第三国提供“充分保护”[③] 作为跨境流动数据保护的基本原则。但因为满足“充分保护”条件的国家并不多，为促进数据的跨境流动，欧盟又以标准合同文本（Standard Clauses Contract，SCC）、BCR 规则体系（Binding corporate rules）[④] 等保护措施作为补充措施。同时，欧盟还与其他国家开展数据双边保护协作，例如，与美国签订的安全港协议、伞形数据协议、隐私盾协议（EU-US Privacy Shield）[⑤] 等。

---

① The Treaty provisions on the free movement of services (Article 56 TFEU) and the freedom of establishment (Article 49 TFEU) that includes Directive 2000/31/EC (the E-commerce Directive).

② ECIPE Project Group 2013.

③ GDPR, Arts. 44 – 50.

④ 经个人数据监管机构所认可的一套数据处理机制，经跨国集团选择后，个人数据即可从集团内的一个成员合法传输给另一个成员，在其内部形成这样一个“安全港”。参见 https://ec.europa.eu/info/law/law-topic/data-protection/data-transfers-outside-eu/binding-corporate-rules_en。

⑤ EU-US Privacy Shield, available at https://ec.europa.eu/info/law/law-topic/data-protection/data-transfers-outside-eu/eu-us-privacy-shield_en.

（3）2017年1月，欧盟委员会发布《关于数据自由流动与欧盟数字经济中新兴问题的工作文件》,[①] 该文件中包含的《关于建立欧洲数据经济的通讯》,[②] 围绕在数据自由流通中已存在的或潜在的障碍，提供了在欧盟取消不合理或不成比例的数据位置限制的选择。还考虑了访问和传输非个人机器生成的数据、数据责任以及非个人数据的可移植性、可操作性和与标准有关的问题。

（三）推动数据共享的法律文件与立法活动

1. 法律文件

（1）数据保护领域的重要立法是《欧盟通用数据保护条例》（GD-PR）。[③] 旨在加强保护个人的基本数据权利，建立公民对其个人数据的使用与披露的信任。同时，支持该类个人数据以安全的方式在欧盟内部自由流动。在GDPR中，“个人数据”应被广泛理解为“与已识别或可识别的自然人有关的任何信息”。[④]

（2）欧盟数据保护框架的另一部分是《电子隐私指令》，目前正在审查中。[⑤] 该指令旨在确保为电子通信服务用户提供高水平的隐私保护标准。

---

① *Commission Staff Working Document on the free flow of data and emerging issues of the European data economy Accompanying the document Communication Building a European data economy*, available at https://publications. europa. eu/en/publication-detail/ – /publication/30f7e8aa – d808 – 11e6 – ad7c – 01aa75ed71a1/language-en/format-PDF/source – 73172704.

② The Communication on “*Building a European Data Economy*”, 10 January 2017, available at https://ec. europa. eu/digital-single-market/en/news/communication-building-european-data-economy.

③ Regulation (EU) 2016/679 of 27 April 2016 of the European Parliament and of the Council on the protection of natural persons with regard to the processing of personal data and on the free movement of such data, and repealing Directive 95/46/EC (General Data Protection Regulation), Official Journal of the European Union, L 119/1, 4. 5. 2016, available at: http://eur-lex. europa. eu/legal-content/EN/TXT/PDF/? uri = CELEX: 32016R0679&from = en.

④ As outlined in Article 4 (1) of Regulation (EU) 2016/679.

⑤ European Commission (2017), *Proposal for a Regulation concerning the respect for private life and the protection of personal data in electronic communications and repealing Directive 2002/58/EC (Regulation on Privacy and Electronic Communications)*, COM (2017) 10 final, 10. 01. 2017, available at: https://ec. europa. eu/digital-single-market/en/news/proposal-regulation-privacy-and-electronic-communications.

（3）《数据库指令》（Database Directivest）[①] 规定数据库创建者有权控制访问与重复使用其内容，但仅限于数据库的创建涉及大量投资的情况下。2017 年 5 月至 8 月，欧盟委员会启动了一项公众咨询，[②] 以评估该指令对用户的影响、功能以及可能的调整方式。该公众咨询的初步结果已于 2017 年 10 月披露。[③]

2. 立法活动

（1）2013 年 10 月，欧盟理事会呼吁在数字单一市场整合领域采取行动，促进所有经济领域的数据驱动型创新，在欧洲数字经济领域进行大量投资，并推广战略性技术，以拓宽获取途径并在整个经济体系中共享数据。

（2）2014 年 7 月，欧盟委员会发布的《促进蓬勃发展的数据驱动型经济的通讯》[④] 认为，欧洲在数据研究和创新方面缺乏资金，法律环境的复杂性以及企业尤其是中小企业无法获取海量的数据集。因此，欧盟委员会强调需要建立合适的政策框架，以提供确定性的法律环境并促进有关大数据的业务运营。

（3）2015 年 5 月，欧盟委员会制定了“数字单一市场（DSM）战略”（Digital Single Market strategy），[⑤] 该战略旨在建立数字单一市场的监管框架，消除当前数据自由流动的障碍与限制。在 DSM 战略的框架内还宣布了促进

---

① Directive 96/9/EC of the European Parliament and of the Council of 11 March 1996 on the legal protection of databases, *Official Journal of the European Union*, L 77/20, 23. 3. 1996, available at: http://eur-lex. europa. eu/legal-content/EN/TXT/? uri = CELEX% 3A31996L0009.

② More information about this consultation can be found here: https://ec. europa. eu/info/consultations/public-consultation-database-directive-application-and-impact – 0_ en.

③ European Commission (2017), *Summary report of the public consultation on the evaluation of Directive 96/9/EC on the legal protection of databases*, available at: https://ec. europa. eu/digital-single-market/en/news/summary-report-public-consultation-legal-protection-databases.

④ Communication from the Commission to the European Parliament, the Council, the European Economic and Social Committee and the Committee of the Regions: *Towards a thriving data-driven economy* [COM (2014) 442 final of 2 July 2014].

⑤ Communication from the Commission to the European Parliament, the Council, the European Economic and Social Committee and the Committee of the Regions: "*A Digital Single Market Strategy for Europe*", COM (2015) 0192 final, 6 May 2015, see https://ec. europa. eu/digital-single-market/en.

“数据自由流动”的倡议。

（4）2018 年 4 月，在 GDPR 正式生效之际，欧盟委员会发布了其委托的咨询公司 EEveris 所出具的《欧洲内公司间数据共享研究报告》（Study on data sharing between companies in Europe）报告。该报告的核心内容主要涉及数据共享的政策以及可能的立法进展、欧洲公司间数据共享的现状、数据共享的形式以及数据共享所遇到的障碍、数据共享的有利因素等问题。该报告旨在加深对数据共享的理解、推动欧洲各公司之间能够分享和再利用数据，以促进欧洲数据经济的发展。

（5）2018 年 4 月 25 日，欧盟委员会推出一系列数据治理新举措，旨在提高欧盟内数据的可利用性，包括提高对公共部门数据的可访问性、支持企业间共享数据、促进科研数据共享、支持公民使用个人数据用于健康和医疗护理等用途。具体涵盖以下事项：①公共机关数据的获取和循环利用；[①] ②2018 年科研数据共享；③企业与企业之间、企业与政府的私营部门之间的数据共享；[②] ④保护公民的医疗健康数据。数字单一市场委员会表示，数字单一市场正在迅速成形，新举措将释放更多公共部门数据以便重复使用，包括用于商业目的。降低数据访问成本并在欧盟创建共享数据空间，将有效刺激与发展数字单一市场。随着越来越多的数据可用于数据驱动型创新产业，公民与企业能够获得更好的数据产品和服务。这些举措也将促进改善医疗保健和医学研究的数字化发展，更容易被获取的个人健康数据将有助于完善预防疾病和以患者为中心的医疗护理模式。

（四）总结：欧盟对数字经济立法的认识、内容与趋向

基于以上内容，总结欧盟在数字经济立法领域的整体认识与动向。值

① 修订后的《公共部门信息法》涵盖公共事业部门在交通和公用事业部门所拥有的数据，新规则规定了允许公共机构收取数据传播的边际成本费用以循环使用其数据的例外情况，促进了公开研究数据的可循环利用性。

② 通过《建立共同的欧洲数据空间》中的新机制，在私营部门层面，为在欧盟运营的企业提供了指导数据共享协作的法律和技术指导原则。

得注意的是，欧盟目前的有关文件主要侧重于机器生成的数据（即未经人类直接干预而产生的数据），无论是个人的还是非个人的。

1. 欧盟委员会对数字经济立法达成的普遍共识

（1）数据经济要求各公司能够访问大型和多样化的数据库，同时也要充分保护个人的数据权利。[①] 在实行严格数据保护标准的同时，创造一个充满活力的数字经济社会，立法者正面临艰难的选择。

（2）数字单一市场策略最大的法律障碍之一是 GDPR。

（3）数据动态机制的复杂性，缺乏透明度，以及在控制点上缺乏竞争，可能会导致企业和公民因侵犯隐私、安全漏洞或其他有害行为（如去掉匿名或价格歧视）而受到伤害。

（4）仅凭市场力量不太可能使数据的社会利用达到最优化，这是因为市场不太可能充分利用数据的潜在溢出效应。事实上，数据的非竞争性质意味着可以被多个用户多次使用，而不会耗尽本身的价值[②]。

（5）数字经济的立法体系整体上应是对数据友好（datafriendly）的规制框架，只有形成真正统一、灵活、人性化的法律框架，才是打破欧洲数字经济格局的决定性转折。[③]

2. 欧盟企业间参与数据共享的法律障碍

（1）数据所有权的不确定性。

（2）个人数据保护标准严格，公司在数据处理的合规层面存在困难。

（3）数据保护的规则缺少明确性指引。

（4）数据本地化限制。

---

① Summaries of EU legislation: *The EU's ideas on how to move to a successful data-driven economy*, available at https://publications.europa.eu/en/publication-detail/-/publication/b0d868fc-8720-4fea-9d64-f5d4c921f476/language-en/format-HTML/source-73173099.

② Independent Experts Advisory Group to the UN Secretary General: "*A World That Counts. Mobilising the Data Revolution for Sustainable Development*", 2014; Frischmann, B. M., "*Infrastructure: The Social Value of Shared Resources*", Oxford University Press, 2013 and OECD, 2015.

③ EU publications: *Enter the data economy EU policies for a thriving data ecosystem.* Issue 21, 11 January 2017, available at https://publications.europa.eu/en/publication-detail/-/publication/411368f9-ed01-11e6-ad7c-01aa75ed71a1/language-en/format-PDF/source-73172850.

3. 欧盟企业间数据共享的立法趋向

（1）立法内容：通过提供确定性和可预测性的指引帮助公司对其持有的数据进行合法的处理，明确在哪些条件下可以向他方提供数据，以及在数据误用时如何执行处罚。

（2）法律合规的指导：为了协助各公司更切实地了解有关的法律文件，欧盟委员会就有关条例和指示应提供指导，确保重要法规和指令的范围能够得到明确的理解、明确不同法规和指令的法律含义和范围（特别是 GDPR 的相关规定）、了解数据合规的要求以及如何处理数据误用的情况。

（3）后续监督与评估法规实施：欧盟委员会的法规在适用上缺乏明确性，需要对法律、政策、举措进行密切的跟踪并进行评估，因此，欧盟委员会应从公司间数据分享和再利用的角度，监测和评价条例和指令的执行情况，同时，继续与公司及其他利益相关方进行磋商，以了解在法律合规层面所遇到的障碍。①

二　美国数字经济立法的进程

美国在数字经济规则建设中最先关注的是“国际数字贸易”。② 美国是“数字贸易”概念和实务的倡导者，也是制定全球跨境数据贸易规则的主导力量。其中，数据的跨境流动是数字贸易规则中最重要的条款之一。同时，与欧盟相比，美国在个人数据的保护立法上不尽完善，联邦立法层面存在统一性立法的障碍，但地方州立法系统在对个人数据保护做出了一些积极的立法尝试。

（一）促进国际数字贸易的举措

（1）2000 年，美国与欧盟达成《安全港协定》，给严苛的《数据保护

① 参见《欧洲内公司间数据共享研究报告》。

② 20 世纪 80 年代末期，美国率先提出了治理跨境信息流动的规则。

指令》开了一个“后门”，允许美国企业转移和处理欧盟公民的个人数据。

（2）2013 年 7 月，美国国际贸易委员会（United States International Trade Commission，USITC）主持编写了全球首部数字贸易调研报告《美国和全球经济中的数字贸易》。

（3）2013 年底，美国参议院专门提出《2013 美国数字贸易法案》（Digital Trade Act of 2013），[①] 目的在于促进涉及互联网的商业和数字贸易的条款加入协议，作为美国进行双边或多边协议谈判的原则之一。该法案认为数据跨境流动的限制性政策属于非关税壁垒，这些本地化壁垒会削弱美国的竞争力，[②] 因此，“美国政府的立场始终是提倡数据的跨境自由流动”。

（4）2014 年 9 月，美国国际贸易委员会预测，取消对境外数字贸易的限制可能会提高美国数字产业的就业率，从而在整体上促进美国经济。

（5）2015 年 10 月，美国与 11 个谈判伙伴在《跨太平洋伙伴关系协定》（Trans-Pacific Partnership Agreement，TPP）中就约束性条款达成了共识。美国正在努力将类似的条款引入 TTIP 以及 WTO 的贸易和服务协议（TiSA）中。[③]

（6）2017 年 8 月，美国国际贸易委员会发布《全球数字贸易的市场机遇与主要贸易限制》（Global Digital Trade 1：Market Opportunities and Key Foreign Trade Restrictions）的研究报告，该报告从互联网基础设施、网络通信服务、云服务、数字内容服务、电子商务、产业对数字技术的应用、消费者通信服务、互联设备等方面介绍了全球数字贸易的发展现状及前景，并归纳了限制数字贸易发展的主要监管和政策措施，包括数据保护及隐私

---

① Senate of the United State, *Digital Trade Act of 2013*, available at: https://www.congress.gov/bill/113th-congress/senate-bill/1788/text.

② S. 1788 – 113th Congress (2013 – 2014): (9) Restrictive policies regarding the flow of information across borders are nontariff barriers that are harmful to innovation and economic advancement. Those policies impede trade in digital products and services and constrain the ability of United States companies from many sectors to effectively operate across borders.

③ 参见苏珊·阿里尔·阿伦森《数字贸易失衡及其对互联网治理的影响》，载《信息安全与通信保密》2017 年第 2 期。

（包括数据本地化）、网络安全、知识产权、内容审查、市场准入、投资限制等。①

（二）个人数据保护的立法问题

个人数据保护与数据的商业利用，在某种角度上可以说是同一事物的两个方面。因此，探究个人数据保护的立法动向，亦侧面反映出个人数据的产业化立法趋势。与欧盟严格的个人数据保护要求不同，美国已经将大数据发展战略作为国策贯彻执行，再加上政商之间的纽带关系，美国显然在公民数据隐私的保护上关注不够。考虑到美国立法的三元体系，在个人数据的保护立法上，鉴于各州的立法标准与定义各不相同，联邦立法系统难以做出统一性的法律规定。

1. 联邦统一立法的困境

（1）目前已经存在的有关数据隐私的法律有：《健保流通责任法案》《金融现代化法案》《公平信用报告法》《网络儿童隐私保护法规》等。2018年6月26日，在美国外交关系委员会（Council on Foreign Relations，CFR）的专题报告会上，美国联邦贸易委员会首席隐私官马克·格罗曼（Marc Groman）提到，联邦立法最大的挑战是如何将各州已有的法律融合到一个法案中，同时，利益相关的企业与政府部门在观念和路径上有所差异。②

（2）美国一直缺乏顶层设计的技术评估机构，目前唯一与数据监管相关的顶层机构设置大概是数联邦贸易委员会，委员会下设隐私监管机构，但只是政府机构，没有立法权，只能事后评判。

（3）美国白宫近期发布声明，已正式支持国家层面对消费者隐私保护予以立法。总统副新闻秘书 Lindsay Walters 在声明中指出，政府的目标是制

① U. S. International Trade Commission, *Global Digital Trade 1: Market Opportunities and Key Foreign Trade Restrictions*, USITC Publication 4716, August 2017, available at: https://www.usitc.gov/publications/332/pub4716_0.pdf.

② U. S. Council on Foreign Relations, *The Future of U. S. Data Privacy After the GDPR*, 26 June 2018, see https://www.cfr.org/event/future-us-data-privacy-after-gdpr.

定一项关于消费者隐私保护的政策，以实现隐私保护与经济繁荣之间的平衡，在整体政策的安排上，期待与国会合作制定一项立法解决方案。①

（4）综上来看，对数据隐私的联邦立法，短期内是不可能达成的。

2. 各州立法的尝试与实践

（1）2018 年 6 月 28 日，加利福尼亚州州长签署了《2018 加州消费者隐私法案》（The California Consumer Privacy Act of 2018），并将于 2020 年 1 月 1 日起正式施行。该法案是美国隐私法律发展的里程碑，作为海量数据的收集与传输中心，加州将开始实行目前美国最严格的隐私保护法律，其中，对互联网巨头企业处理加州居民的个人数据做出了严格的限制。②

（2）其他州也可能在数据保护立法上陆续跟进，以填补联邦政府的立法空白。

三　英国已出台的《数字经济法案》

（一）立法内容

2017 年 4 月 27 日英国皇室批准通过了《数字经济法案》（Digital Economy Act 2017）。③ 英国《数字经济法案》是目前全球范围内第一部数字经济立法，该法案分为七章，共有 120 条，分别围绕通信服务、数字化基础设施、网络色情抵制、数字内容的著作权保护、数字化内容管理等主题进行了规定，基本涵盖了数字经济的各个方面。值得注意的是以下两点。（1）2017

① Tony Romm, "The Trump administration is talking to Facebook and Google about potential rules for online privacy", *The Washington Post*, July 27 in 2018, see https://www.washingtonpost.com/technology/2018/07/27/trump-administration-is-working-new-proposal-protect-online-privacy/?noredirect = on&utm_ term = .3f5e4709761e.

② "First-in-the-nation consumer privacy rights are the law of the land in California", see https://www.caprivacy.org/.

③ Parliament of the United Kingdom, *Digital Economy Act 2017*, come into effect on 27 April 2017, available at https://services.parliament.uk/bills/2016 – 17/digitaleconomy.html.

年《数字经济法案》明确规定了通信管理局的具体职能和义务。通信管理局需要定期向国务大臣报告英国数字化基础设施和业务的发展情况、域名注册使用情况以及媒体内容发展情况，在报告国务大臣之后的合理时间将报告内容公之于众。这一举措将明显强化对互联网产业发展的监管。（2）2017年《数字经济法案》建立了著作权网络保护的法律监管框架，规定了音乐、媒体、游戏等网络内容的著作权保护问题。这一举措使得互联网服务提供商的通知义务、报告义务以及相应技术保护措施的施行被固化，有利于最大限度地保护个人隐私权。

（二）立法评价

该法案的目的在于进一步拓宽互联网服务范围、深入优化数字化基础设施、强化对公民数字服务的保护，但是，该立法内容并不重点涉及目前数字经济产业中正在关注的数据确权、数据流动与数据共享等关键问题。由此来看，尽管该法律以“数字经济”命名，实则只是针对数字文化创意产业的立法，而数字产业经济的范围远远超出数字文化领域，因此，对于数字产业经济的立法，英国实质上采取的是补丁式的立法模式，对于除数字文化产业外的其他数字经济领域，留待以后做出进一步的规制。

四　我国数字经济的立法现状

（一）当前的立法问题

当前我国在数字经济立法领域，近乎处于“无法可依”状态，处于迅速发展中的数字产业经济，在法律规制层面较为“乱象丛生”。并且，数字产业经济所涉及的领域十分广泛，可能由不同的部门法规制，鉴于我国各部门法之间的界限分明，制定一部统一完整的数字经济法存在诸多的障碍。对当前我国数字经济的立法状况，归纳如下。

1. 专门立法的缺位

目前尚不存在数字经济的根本法与特别法，大多是应对式的零散单行立法。同时，不同效力位阶的“法出多门”，导致单行立法之间发生冲突。

2. 行政规定的混乱性

数字经济规制体系中，存在诸多政府部门的行政规定，不同效力位阶的行政规定，导致现实适用上的障碍，削弱了指引性。

3. 《电子商务法》的滞后性

数字经济涵盖的行业范围远超电子商务，如果仅将电商作为核心的规制对象，《电子商务法》对于我国数字经济高速发展的新形势，则表现出了极大的现实局限性。尽管《电子商务法》经过多年的调研、起草和审议，出台和实施即将启动。但是，以五六年前的电商模式为现实依据制定的《电子商务法（草案）》，在刚问世时就已经落后于数字时代。

（二）数字经济发展的国家政策与报告

在我国数字经济国家政策的发展进程中，数字经济已逐渐上升到国家战略高度，随着数字产业的革新与发展，法律层面需要及时跟进与支持。

（1）2014 年，大数据首次写入《政府工作报告》，提出要设立新兴产业创业创新平台，在新一代移动通信、集成电路、大数据、先进制造、新能源、新材料等方面赶超先进，引领未来产业发展。自此，中国大数据产业蓬勃发展，大数据创业公司崛起。

（2）2015 年，国务院正式印发《促进大数据发展行动纲要》，大数据发展上升为国家战略，从发展战略全局的高度，提出了大数据发展的顶层设计。要制订“互联网 +”行动计划，推动移动互联网、云计算、大数据、物联网等与现代制造业结合，促进电子商务、工业互联网和互联网金融健康发展，引导互联网企业拓展国际市场。

（3）2016 年，大数据衔接战略纵深实施，“十三五”规划纲要提出实施国家大数据战略，把大数据作为基础性战略资源，全面实施促进大数据发展行动，要促进大数据、云计算、物联网广泛应用，加快建设质量强国、制造强国。到 2020 年，力争在基础研究、应用研究和战略前沿领域取得重大突破，全社会研发经费投入强度达到 2.5%，科技进步对经济增长的贡献率达到 60%，迈进创新型国家和人才强国行列。

（4）2016 年 9 月 5 日，《G20 集团杭州峰会公报》提出：为释放数字经济潜力，我们在安塔利亚峰会工作的基础上，制定了《二十国集团数字经济发展与合作倡议》。我们将为发展数字经济和应对数字鸿沟创造更有利条件，包括更多更好和负担得起的网络准入、促进经济增长及信任和安全的信息流动，同时确保尊重隐私和个人数据保护、促进信息通信技术领域投资、支持创业和数字化转型、加强电子商务合作、提高数字包容性和支持中小微企业发展。为此，我们重申安塔利亚峰会公报第 26 段，承诺将为构建开放、安全的数字经济发展环境提供政策支持，并认识到充分、有效的知识产权保护和执法在发展数字经济方面的作用。我们认可经合组织、国际货币基金组织及其他国家和国际组织在数字经济测度方面所做的努力，认为需要进一步开展相关研究和交流。

（5）2017 年，在《政府工作报告》中首次提到的“数字经济”领域，大数据作为转型的核心要素，正在发挥巨大的作用。要深入推进“互联网 +”行动和国家大数据战略，全面实施《中国制造 2025》，落实和完善“双创”政策措施。大力改造、提升传统产业。深入实施《中国制造 2025》，加快大数据、云计算、物联网应用，以新技术、新业态、新模式，推动传统产业生产、管理和营销模式变革。推动“互联网 +”深入发展、促进数字经济加快成长，让企业广泛受益、群众普遍受惠。

（6）2017 年 12 月 8 日，中共中央政治局就实施国家大数据战略进行第二次集体学习。中共中央总书记习近平在主持学习时强调，大数据发展日新月异，我们应该审时度势、精心谋划、超前布局、力争主动，深入了解大数据发展现状和趋势及其对经济社会发展的影响，分析我国大数据发展取得的成绩和存在的问题，推动实施国家大数据战略，加快完善数字基础设施，推进数据资源整合和开放共享，保障数据安全，加快建设数字中国，更好地服务我国经济社会发展和人民生活改善。

五　结语

国内数字经济立法是参与制定国际规则的制度前提。按照数字经济产业的规模与形式来看，美国与欧盟的数字经济立法的现实背景与我国较为相似，因此重点选择它们的立法态势作为比较研究的对象。我国同欧盟在数字经济的立法形式、立法理念、立法进程与阶段上更为相似，因此欧盟目前的立法动态颇为值得我国参考与借鉴。

实务研讨

《网络法学研究》2018 年卷
第 135 ~148 页

电话追呼类新型网络犯罪案件应如何定罪

——以贺某等人破坏计算机信息系统案为例

陈 焰*

一 简要案情

犯罪嫌疑人贺某于 2016 年先后委托他人开发了“云呼”（又称“呼死你”）平台、“挂机宝”“积分钱包”等系列软件，其功能主要为通过网络平台可以发出指令让装有“挂机宝”的手机以特定频率呼叫目标手机，达到骚扰目标手机的目的，并会产生积分到“积分钱包”中，积分以一定汇率可兑换成人民币。随后，多名犯罪嫌疑人陆续以挂机者或者积分买卖者的身份参与其中。

犯罪嫌疑人胡某于 2017 年从贺某处购得可用于“呼死你”（电话轰炸）骚扰目标手机的积分后，再转手卖给有需要的客户。除出售消费积分外，其还出于泄愤等目的，自己也利用“呼死你”软件骚扰他人手机。其利用“呼死你”软件先后对 20 多个手机号码进行干扰，持续时长有 1 分钟、1 小时不等，致被呼叫手机无法正常使用。

犯罪嫌疑人孙某从 2018 年开始利用从贺某处购买的软件在网上有偿提供电话追呼服务，其根据客户要求，利用“呼死你”软件对 20 多个手机号

* 陈焰，广州市人民检察院，四级高级检察官。

码进行呼叫干扰，即对同一号码连续呼叫的方式，致被呼叫手机无法正常使用。经查，上述犯罪嫌疑人均已造成 10 台以上手机不能正常运行或者违法所得在 5000 元以上。

二　争议问题

通过恶意软件进行“电话轰炸”，致被害人手机无法正常使用，此类案件在目前司法实践中尚属新型案件（笔者所在省份目前尚无判例），因此在实践中存在查处难、取证难、定性难的问题。

在对这类案件定性时，存在的争议主要有：第一，手机能否成为本罪犯罪对象，以及被骚扰的手机号码能否直接对应手机的问题；第二，通过恶意软件进行“电话轰炸”能否评价为《刑法》第 286 条规定的“干扰”行为的问题；第三，如何认定《刑法》第 286 条“严重后果”的问题；第四，如何准确认定违法所得及经济损失的具体数额；第五，如何确定该类型犯罪的打击面，对于部分主观恶性较小的犯罪嫌疑人应否定罪处罚的问题。因此，本文将以上述问题为焦点，展开对此类新型网络犯罪案件办理思路的分析及探讨。

三　定性和理由分析

（一）争议焦点一：罪与非罪如何区分

对于本案的定性，有观点认为恶意电话轰炸的行为不构成破坏计算机信息系统罪。该观点主要从“后果严重”的认定及罪责刑不一致等方面出发，具体理由如下。第一，通过“云呼”等恶意软件程序对被害人手机进行电话轰炸，并没有造成《刑法》第 286 条第 1 款规定的使智能手机等终端系统“不能正常运行”的危害后果。因为通过恶意程序、软件对被害人手机在一段时间内进行持续“电话轰炸”，只是暂时性地使目标手机系统在一定时间段内不能使用，并未造成手机系统终局性、永久性、不可逆的损毁，并没有达到“不能正常运行”的程度。该观点还根据“两高”司法解释第4条第1项与第2项的对比，认为第1项“不能正常运行”的危害后果应严重于第2项数据被“删改增”的后果，即就本案而言，要求手机应达到不能修复的破坏程度，其认为：虽然“两高”司法解释第1项并未规定具体行为，但因第2项已明确规定“删改增”，故第1项应为“删改增”之外的其他破坏计算机信息系统的行为，具体到本系列案而言就是电话轰炸“干扰”行为。从法条表述上看，根据“两高”司法解释第4条第1项与第2项的对比，第1项规定的计算机系统数量为10，第2项规定的计算机系统数量为20，故可倒推出第1项的危害后果的严重程度应大于第2项，而第1项规定危害后果是造成软件或硬件“不能正常运行”，即“不能正常运行”的危害后果应严重于数据被“删改增”，从而推断出在该系列案中“不能正常运行”应理解为终局性的破坏程度。第二，从罪责刑相一致的角度来看，该观点认为若本案涉案手机系统数量可以证实为50台以上，那么其法定最低刑系5年以上有期徒刑，不符合常情常理及罪刑均衡原则。此外，虽然该观点认为行为人不构成刑事犯罪，但其仍有可能承担相应行政处罚或民事责任。

上述观点认为“干扰”行为所造成的“手机不能正常运行”的危害后果必须是不可逆的，但其观点值得商榷。首先，无论是《刑法》还是“两高”司法解释均未明确规定危害后果必须达到不可逆的程度；其次，第一种观点通过对比“两高”司法解释第4条前两款的方式来论证第1项所规定的危害结果应为不可逆的，但是需要注意的是，“两高”司法解释第4条第1项是直接从危害后果方面规定的，第2项是从危害行为方面规定的。只是第1项直接从软件、硬件不能运行的危害后果数量上直接认定“后果严重”，而第2项因“删改增”数据和应用程序的行为特殊性，故从其危害行为的数量上去推定“后果严重”。由此可见，第1项跟第2项的立法技术及侧重点是完全不同的，二者是完全不同的评价体系，其变量也是不一致的，故不能简单地通过二者的对比得出“不能正常运行”必须达到不可逆程度的不当论断。

因此，笔者认为，本案争议的焦点应该是此罪与彼罪以及证据是否充分的问题，而不是罪与非罪的问题，即如何根据完整的证据链去认定本案“电话轰炸”行为构成破坏计算机信息系统罪或其他罪名。《刑法》第 286 条以及最高人民法院、最高人民检察院《关于办理危害计算机信息系统安全刑事案件应用法律若干问题的解释》（简称为“两高”司法解释）第 4 条对于破坏计算机信息系统罪的定罪量刑有具体明确的规定，在追诉标准方面，主要分为五种情形。一是危害后果方面：造成 10 台以上计算机信息系统的主要软件或者硬件不能正常运行的。二是危害行为方面：对 20 台以上计算机信息系统中存储、处理或者传输的数据进行删除、修改、增加操作的。三是数额方面：违法所得五千元以上或者造成经济损失一万元以上的。四是特定类型方面：造成为一百台以上计算机信息系统提供域名解析、身份认证、计费等基础服务或者为一万名以上用户提供服务的计算机信息系统不能正常运行累计一小时以上的。五是造成其他严重后果的。实践中，在办理“电话轰炸”类案时，基于其手段的特殊性，不会涉及“两高”司法解释第 4 条第 2 项和第 4 项规定的情形，故一般从危害后果及数额这两方面出发即可，从实际案例来看，以数额入罪比以危害后果入罪更容易。

（二）争议焦点二：如何认定造成计算机信息系统的主要软件硬件不能正常运行

1. 审查犯罪对象——如何认定手机号码所对应设备属于计算机系统

《计算机信息系统安全保护条例》将计算机信息系统定义为：由计算机及其相关的和配套的设备、设施（含网络）构成的，按照一定的应用目标和规则对信息进行采集、加工、存储、传输、检索等处理的人机系统。“两高”司法解释第 11 条对“计算机信息系统”和“计算机系统”做了一个定义，即具备自动处理数据功能的系统，包括计算机、网络设备、通信设备、自动化控制设备等。从“两高”司法解释定义来看，“计算机信息系统”和“计算机系统”虽然表述不同，但其内涵都是一致的，且其列举了通信设备。可见，将智能手机终端纳入计算机信息系统，符合法律法规的规定。

虽然解决了智能手机的定性问题，但实践中仍存在以下两个问题。

第一，旧式非智能通信设备是否属于计算机系统。虽然随着科学技术的进步与发展，社会已基本进入智能手机的时代，还不断衍生出平板电脑、智能手表等电子产品，但不可否认的是，由于区域发展的不协调与不同人的观念认知差异等因素，社会上仍有部分人使用传统的非智能手机。与智能手机不同的是，非智能手机没有独立的智能操作系统，用户无法通过非智能手机进行自行下载、安装软件程序等操作。笔者认为，要判断非智能手机是否属于计算机系统，关键在于其是否具备自动处理数据功能，而该系统应与计算机、自动化设备的智能程度相当，由此可见，不具有独立智能操作系统的非智能手机不能认定为计算机系统。

第二，如何认定犯罪嫌疑人所拨打的被害人号码所对应的设备终端。究竟是否每一个手机号码都必然对应一台手机终端呢？从生活经验来看，目前市面上大量存在双卡双待甚至更多卡槽的智能手机；从技术的角度来看，还有可能是网络虚拟电话。因此不能得出每个手机号码必定对应一台手机终端的结论。因为被犯罪嫌疑人所骚扰拨打的电话，有可能是网络虚拟电话，如果是网络虚拟电话，那么电话轰炸的行为就不一定会导致被骚扰的设备系统不能运行。这给办案人员在认定犯罪对象及其数量上制造了很大的困难。

对此，在审查认定犯罪对象及其数量时，实践中除了审查通话清单等确定被骚扰的电话号码数量及明细外，还需要考虑上述两个方面的出罪可能性。第一个方面是排除被骚扰手机号码所对应的设备为非智能手机，目前只能通过广泛寻找被害人，通过审查被害人陈述的方式予以确定排除。第二个方面就是排除被骚扰号码所对应的设备系统为网络虚拟电话，以及排除两个或两个以上手机号码对应同一个设备系统，目前，主要是审查电信、联通等运营商调取的电话机主信息，因为在实践中，电信网络等案件往往难以查找被害人，故只能退而求其次审查运营商的机主信息，通过比对排除两个或两个以上号码对应同一机主的可能，同时通过机主详细信息排除其系网络虚拟电话的可能。

2. 审查危害行为与后果——如何理解“干扰”与“不能正常运行”

要准确理解本罪的“干扰”与“不能正常运行”含义，首先就要清楚如何认定本罪“干扰”行为。干扰，顾名思义，即干预、扰乱。法律规范意义上的干扰，应该是记述的构成要件要素，即只要行为人实施了电话轰炸等行为，客观上影响了相应手机终端设备的正常运行即可，不需要对此加以价值判断。有学者认为，认定“干扰”的标准主要看行为人有没有对计算机信息系统内的功能或数据进行直接侵害或者产生影响。因为对计算机信息系统内的功能或数据进行删除、修改、增加，一般而言都会对计算机信息系统的正常运行造成影响，这三种方式从本质上说都是“干扰”行为，而《刑法》第 286 条第 1 款单独将“干扰”作为本罪的一种行为方式，旨在与前三种行为相区别，即行为人未直接对计算机信息系统的功能或数据实施相应的“删改增”，而是通过其他方式方法干预、扰乱计算机系统的正常运行。[①] 不过，其他干扰行为也应当是与“删改增”相当的行为。因此，对于如何认定“干扰”行为，其实问题已经转为如何认定“干扰”行为对计算机系统的功能或数据产生侵害或影响。从这个意思上来看，要准确理解对系统功能的“干扰”，就必须结合“不能正常运行”的后果进行分析。

“电话轰炸”类型犯罪案件，对于计算机系统数据的侵害或影响并不在本案的讨论范围之内，因为本案主要是通过干扰通信设备，影响其功能的实现来达到破坏计算机系统的目的。那么这里就需要厘清“系统功能”的概念。如何理解“系统功能”，将直接影响对干扰行为的认定。有观点认为，系统功能分为“系统自身功能”与“系统服务功能”，系统的自身功能与系统的服务功能联系紧密，“服务功能”是设计的最终目的，就是为用户提供相关的服务。[②] 就本案而言，有观点认为本案被害人的手机系统（功能）并没有出现永久性、不可逆的损毁，故就此认为没有达到“不能正常

① 朱赫、孙国祥、刘艳红、桂万先、卜向敏、杨赞、马健、张永健：《破坏计算机信息系统案件法律适用研讨》，载《人民检察》2013 年第 8 期。

② 刘必成：《论破坏计算机信息系统罪》，硕士学位论文，西南科技大学，2016。

运行”的程度。该观点实质上把系统功能局限于系统自身的功能，没有认识到犯罪嫌疑人严重破坏了手机的系统服务功能。比如，本案犯罪嫌疑人持续性“电话轰炸”，表面上并没有造成手机软件、硬件的损坏，相反，持续被拨入正说明了被拨手机的软件、硬件处于正常运行状态，但是，由于被持续“电话轰炸”干扰，被拨入手机已经失去了正常接听其他电话的基本服务功能，已失去了浏览网页、接受音频视频等衍生服务功能，这毫无疑问是对手机服务功能的破坏。从这个角度来看，如果达到永久性的不能使用，那必定也达到了“不能正常运行”程度。综上，长期持续的“电话轰炸”可评价为《刑法》第 286 条的干扰行为，其造成手机无法正常接听电话等状态可认定为造成计算机信息系统“不能正常运行”。

3. 电子数据如何审查—— 鉴定意见或侦查实验的使用规则

根据《网络犯罪程序意见》的规定，对电子数据涉及的专门性问题难以确定的，由司法鉴定机构出具鉴定意见，或者由公安部指定的机构出具检验报告。实践中，关于涉案“云呼”等软件是否能够“造成计算机信息系统不能正常运行”的认定问题，可由有资质的司法鉴定机构出具鉴定意见。对于上述鉴定意见，除了对机构主体及其鉴定范围进行审查之外，还要结合上文关于“系统功能”的理解，分析鉴定结论的合理性，并对具体每位被害人、每个设备系统的特殊性进行分析。同时，由于犯罪方式方法经常出现变化，除了鉴定涉案“云呼”程序的 Windows 版本之外，根据案情，还需要鉴定手机版的系统版本情况（手机版又可分为苹果 iOS 系统与安卓系统）等。

《刑事诉讼法》第 133 条规定，为了查明案情，在必要的时候，经公安机关负责人批准，可以进行侦查实验。“两高”及公安部《关于办理刑事案件收集提取和审查判断电子数据若干问题的规定》第 16 条规定，必要时，可以进行侦查实验，并规定进行侦查实验的，应当制作侦查实验笔录，注明侦查实验的条件、经过和结果，由参加实验的人员签名或者盖章。随着信息技术的发展，犯罪手法借助新技术不断翻新，电子数据的侦查实验已经成为查明案情的重要侦查方法。因此，在办理这类案件时，如果对于部分电子数据的专门性问题没有鉴定机构或其他合适的机构进行鉴定、检验，可以对此进行必要的侦查实验。或者在有相关鉴定意见情况下，通过侦查实验予以印证、检验。此外，进行本案电子数据侦查实验时，需要注意的是，侦查实验是以正常使用的手机作为实验对象做出的，未能证实手机在关机或者电话卡未插入手机的情况下，“云呼”软件是否依然显示任务完成，而这将会影响具体数量、数额等认定。

（三）争议焦点三：如何认定违法所得或者造成经济损失

“两高”司法解释第 4 条规定，破坏计算机信息系统功能、数据或者应用程序，具有下列情形之一的，应当认定为《刑法》第 286 条第 1 款和第 2 款规定的“后果严重”：违法所得五千元以上或者造成经济损失一万元以上的。通过认定犯罪所得或经济损失数额来认定犯罪，与通过认定造成 10 台以上计算机系统软硬件不能正常运行来入罪，在犯罪对象、行为、后果方面并无差异，二者最大的区别主要是前者侧重于犯罪数额，后者侧重于危害后果的量化。基于二者取证方面的难度，实践当中一般认为，采用犯罪数额入罪会更加容易操作。但认定违法所得及经济损失时需要注意以下几点。

1. 明确违法所得与经济损失的定义

《最高人民法院关于审理非法出版物刑事案件具体应用法律若干问题的解释》将“违法所得数额”解释为“获利数额”；《最高人民检察院关于假冒注册商标犯罪立案标准的规定》（失效）曾将违法所得解释为销售收入数额，但鉴于该规定已失效，仅具有参考价值。从现行法律规定出发，结合办案实践，笔者认为，“违法所得”是指犯罪分子实施违法犯罪活动而取得的全部财物，包括金钱和物品，[①] 且违法所得指的就是获利数额。因此，在案件办理过程中，在认定违法所得时，应注意将犯罪嫌疑人必要的支出剔

① 张志木，《“违法所得”认定、处理的问题与对策》，载《检察日报》2009 年 6 月 23 日第 03 版。

除，从而得出准确的违法所得数额。这里需要注意的是，犯罪嫌疑人往往会通过所谓的“经营支出”“亏本”等辩解，企图逃脱刑法制裁，需要办案人员结合其他证据进行确认。

“两高”司法解释将“经济损失”解释为包括危害计算机信息系统犯罪行为给用户直接造成的经济损失，以及用户为恢复数据、功能而支出的必要费用。从上述规定看，其将用户损失分为直接损失和间接损失。间接损失为用户为恢复数据、功能而支出的必要费用。关于直接损失，笔者认为在实践中主要包括：一是计算机信息系统硬件受到破坏的损失或者系统软件故障而遭受的损失；二是计算机信息系统受破坏后，所有者为维持正常运营的额外支出。[①] 但并不包括可期待利益的损失，比如使用者手机因频繁轰炸导致无法接听客户电话而错失商业合作机会等情形。

2. 犯罪数额的证据审查

为确定包括违法所得数额及经济损失数额而收集的证据类型主要包括：一是电子数据；二是书证；三是犯罪嫌疑人及同案人供述。电子数据包括对支付宝、微信等资金往来数据，或通过远程勘验得到的涉案“云呼”程序配套的积分系统数据，对该类电子数据的审查应审查其真实性、完整性、合法性、关联性。书证包括犯罪嫌疑人签认的“积分”统计表等材料。同时，通过审查犯罪嫌疑人及同案人供述，对上述证据材料进行印证，从而得出准确的数额。

（四）争议焦点四：如何处理罪数问题

一般而言，除了少部分犯罪嫌疑人纯粹为了追求刺激或发泄私愤之外，大部分犯罪嫌疑人通常是为了实现其他犯罪目的，从而实施破坏计算机信息系统的行为。比如在敲诈勒索的场合，犯罪嫌疑人有可能为了勒索被害人钱财，通过“呼死你”等软件长期影响被害人正常生活，从而实现非法取财的目的。因此，这就涉及罪数的认定问题。犯罪嫌疑人实施了破坏计

① 秦聪：《论破坏计算机信息系统罪》，硕士学位论文，暨南大学，2016。

算机信息系统行为，同时触犯其他罪名的，其有可能属于牵连犯、想象竞合犯等拟制的一罪，也有可能因数行为触犯数罪名而数罪并罚。

1. 拟制的一罪处理

牵连犯是指犯罪的手段行为与目的行为分别触犯两个以上不同罪名，司法实践当中牵连犯一般从一重罪处罚。理论认为，手段行为应与目的行为存在牵连关系。关于牵连关系，主观说认为，只要行为人主观上将某种行为作为目的行为的手段行为，就存在牵连关系；客观说认为，只要客观上两种行为之间具有手段行为与目的行为的关系，就具有牵连关系；类型说认为，根据刑法规定及司法实践，将牵连犯的手段与目的的关系类型化，只有具有类型化的手段与目的，才存在牵连关系。① 笔者同意类型说，在破坏计算机信息系统作为手段行为的场合，只有该行为与目的行为存在类型化的关系，才应当认定为牵连犯，否则应当根据其数行为触犯的具体罪名进行数罪并罚。例如，上文提到通过“呼死你”敲诈勒索财物，鉴于犯罪嫌疑人系采用电话轰炸相要挟的方式，强行索要他人财物，故认定手段行为（破坏计算机信息系统）与目的行为（敲诈勒索）具有牵连关系，不违背司法实践以及人民群众生活认识。

想象竞合犯，是指一个行为触犯了数个罪名的情况，如果行为人一个行为同时触犯破坏计算机信息系统及其他罪名，择一重罪处罚。这里需要注意的是，本案贺某等人开发并出售“呼死你”软件及相关服务，其不属于破坏计算机信息系统罪与非法经营罪的想象竞合，因为本案比较沾边的非法经营行业是“电信”行业，《最高人民法院关于审理扰乱电信市场管理秩序案件具体应用法律若干问题的解释》规定电信类非法经营是指违反国家规定，采取租用国际专线、私设转接设备或者其他方法，擅自经营国际电信业务或者涉港澳台电信业务进行营利活动，扰乱电信市场管理秩序。显而易见，本案出售“呼死你”软件或软件服务行为明显不属于经营电信业务，其不符合非法经营的犯罪构成要件，自然不存在非法经营罪与破坏

① 张明楷：《刑法学》（第 5 版），法律出版社，2016，第 490 页。

计算机信息系统罪想象竞合一说，因此，对于“呼死你”软件开发者、出售“呼死你”软件或软件服务者，直接以破坏计算机信息系统罪定罪即可。

2. 数行为数罪并罚的处理

如果犯罪嫌疑人实施的两个以上行为，又不属于牵连犯、结合犯等拟制的一罪情形的，则应当进行数罪并罚。例如，对于犯罪嫌疑人通过“呼死你”软件相要挟，强行猥亵他人或要求他人与其发生性关系的情形，则不具有类型化牵连关系，应当以破坏计算机信息系统罪与猥亵妇女、儿童罪或强奸罪进行数罪并罚。又如，笔者通过中国裁判文书网进行检索，发现宁波市江北区人民法院办理的陈某等人寻衅滋事罪案件（〔2016〕浙0205刑初321号），既认定被告人陈某等人存在使用“呼死你”软件两天内不停拨打被害人手机进行骚扰，迫使被害人关机的事实，也同时认定其他寻衅滋事行为，最终因为“呼死你”干扰行为未达破坏计算机信息系统罪追诉标准，法院以寻衅滋事罪一罪定罪处罚。虽然上述案例只以一罪定罪处罚，但如果上述案例被告人“呼死你”骚扰行为达到了破坏计算机信息系统罪追诉标准，那么理应对被告人数行为进行数罪并罚。

四　延伸思考——刑事政策中关于打击面如何确定的考量

随着近年来信息技术的发展，我国已成为网民数量全球第一的互联网大国，根据我国工业和信息化部2017年7月31日公布的数据，全国移动电话用户13.65亿，其中4G用户总数达8.88亿，且以上数据都呈不断增长趋势，而利用计算机网络实施的各类犯罪迅速蔓延，其中包括本案衍生的犯罪新形态，其社会危险性严重。习近平总书记在2018年4月20日至21日全国网络安全和信息化工作座谈会上的讲话中强调，没有网络安全就没有国家安全，要依法严厉打击网络黑客、电信网络诈骗、侵犯公民个人隐私等违法犯罪行为，切断网络犯罪利益链条，持续形成高压态势，维护人民群众的合法权益。

1. 类案上下游犯罪的处理建议

对于“电话轰炸”新型案件，只要犯罪嫌疑人客观上通过购买第三方服务或自行操作实施了干扰他人手机设备系统正常运行，数量或数额达到法定追诉标准，行为人是年满16周岁具有刑事责任能力的自然人，明知自己的行为会发生破坏计算机信息系统的后果，仍然希望或者放任这种危害结果发生，就可以认定其构成破坏计算机信息系统罪。

实践中，部分上游提供“电话轰炸”服务的行为人，声明或宣称不对客户购买“云呼”等软件程序服务后用于违法犯罪的行为负责，但是，鉴于“云呼”等软件程序服务具有明显的非法特征，使用者必然会通过该软件程序干扰特定对象设备致其不能正常运行，因此上游售卖服务的行为人主观上至少具有放任的故意，理应依法定罪处罚。至于“云呼”等软件、硬件提供者、制造商，其作为始作俑者，必然应当定罪处罚，但具体适用罪名时需要考虑破坏计算机信息系统罪与其他罪名是否存在竞合，择一重罪定罪处罚。下游犯罪一般具有泄愤等其他目的，通过购买上游犯罪分子的服务或软件，对被害人实施“电话轰炸”。对于下游犯罪的处理，有观点认为，鉴于其主观恶性及社会危害性不大，不宜做犯罪处理。但正如上文所述，我国手机用户及网民基数大、增长快，若放任电信网络犯罪滋长，放任其衍生新犯罪形式，其社会危险性可见一斑，因此，对于电信网络犯罪，总体上应保持高压态势，依法予以打击，对于符合犯罪构成的行为，一律定罪处罚。但是，在总体上保持高压打击的同时，我们也要结合犯罪嫌疑人的社会危险性分析，准确采取相应强制措施或量刑。比如对于寻求刺激，主观恶性不大，涉案数量或数额不大，具有自首等法定从轻情节的，可对其社会危险性进行评估，依法做出不批准逮捕等决定。

2. 城管利用“云呼”等手段执法的刑法教义学分析

实践中还存在城管利用类似“云呼”“呼死你”程序软件整治城市非法“小广告”的现象，从表面上看，其行为与上述案例的普通主体行为并无太大差异。根据“两高”司法解释第8条规定，以单位名义或者单位形式实施危害计算机信息系统安全犯罪，达到本解释规定的定罪量刑标准的，应当依照《刑法》第285条、第286条的规定追究直接负责的主管人员和其他直接责任人员的刑事责任。因此，如果认定城管的行为与普通群众的行为皆构成犯罪，那么可以此追究相应人员的刑事责任。城管使用“云呼”等程序整治“牛皮癣”等广告，其主观上是为了治理违反相关行政法规、规章的人员，具有一定正当性，客观上也属于广义的执法行为。因此，为了论证城管“执法”行为是否构成犯罪，就有必要进一步讨论上述因素是否构成违法阻却事由。

从刑法教义学的观点来看，城管“执法”行为具有违法阻却事由，不能以犯罪论处。《行政强制法》第2条明确规定，行政机关在行政管理过程中，为制止违法行为、防止证据损毁、避免危害发生、控制危险扩大等情形，依法对公民、法人或者其他组织的财物实施暂时性控制，是行政强制措施。而《城市管理执法办法》规定，城市管理执法，是指城市管理执法主管部门在城市管理领域根据法律、法规、规章规定履行行政处罚、行政强制等行政执法职责的行为。城管使用“云呼”软件对行政相对人的手机等设备进行“干扰”控制，具有一定的法律依据，刑法理论上称为“法令行为”。对于法令行为，虽然表面上其行为具有危害性，但是因其具有法律依据，构成违法阻却事由，故不构成犯罪。

这里不能忽视的一个方面是，虽然行政机关基于法令的行为不以犯罪论处，但是其性质是一种行政执法行为，应符合《行政法》《行政强制法》《城市管理执法办法》等法律、法规、规章规定。合理行政是行政法的基本原则之一，其要求行政机关所采取的措施和手段应当必要、适当，如果行政目标的实现可能对相对人的权益造成不利影响，则这种不利影响应被限制在尽可能小的范围和限度之内，二者有适当的比例，即符合比例原则。城管以“云呼”手段执法，其根本目的是维护社会秩序，直接动机是提高执法效率。不可否认，实践中由于城管部门缺少有效的手段去制止相对人粘贴“小广告”，同时因无法找到相对人而难以对违法人员进行行政处罚。即便如此，笔者认为在实名制的背景下，通过手机号码等信息寻找行政相对人并不是非常困难的事，这是能够通过技术方法或者部门协作实现的。

也就是说，城管完全可以通过更加合理的手段去执法，而无须动用具有如此大的“杀伤力”的“呼死你”软件。从行政法的角度来看，城管等部门也应尽量不使用此类不符合比例原则的执法手段。与此同时，对于同一行为，由于司法机关对普通公民和城管的处理结果存在差异，为了避免破坏社会公众对公正司法的预期，司法机关也应在判决文书中充分地进行释法说理。

五 结语

当下社会是一个急剧变化发展的时代，新事物和事件不断地涌现，犯罪的方式和手段日益科技化、智能化，新型犯罪也层出不穷。刑法本身的滞后性决定了刑法典不可能随着社会的发展而将所有犯罪行为都予以规制，刑法对新型犯罪的保护缺位问题不断凸显，哪些行为应受到刑法规制，界限模糊不清，很多问题存在较大争议，现行刑法对新型犯罪往往没有明文规定详细具体的定罪标准，给法律适用带来了困难，有时甚至导致刑法无法依法惩处、遏制此类犯罪行为。面对信息技术手段发展迅猛，新型犯罪手法层出不穷的现状，刑法理论对其有所回应是刑法的时代使命，也是我们法律人在适用法律过程中应当思考的重要命题。具体到每个新型案件的办理过程中，我们所要秉持的就是理性谨慎而又不失灵活性的法律思维，对每个案件结合当下的时代语境做出公平公正的判断。

《网络法学研究》2018 年卷
第 149 ~ 165 页

帮助信息网络犯罪活动罪的司法适用研究

——基于 58 个已决案件的实证分析

徐洋洋　黄　薇*

摘　要：《刑法修正案（九）》新增帮助信息网络犯罪活动罪，从全国已判决的 58 个相关判例的统计情况看，网络服务提供者触犯的罪名集中在《刑法》的第三章、第五章和第六章，且实行行为多样化。在适用其他罪名时，是否区分主从犯不统一。我们认为，裁判文书忽视了对“明知”的说理，帮助信息网络犯罪活动罪“情节严重”的内容具有模糊性，本罪不是刑法重刑主义的体现，而是立法对网络服务提供者义务的设定。《刑法》第 287 条之二第 1 款的规范属性是共犯正犯化，不是量刑规则或从犯主犯化。在刑法教义学的视角下，应当分别从主观方面和客观方面对帮助信息网络犯罪活动罪的犯罪构成进行解析。

关键词： 帮助信息网络犯罪活动罪　情节严重　共犯正犯化　明知　因果关系

一　引言

传统的共犯理论认为帮助犯从属于正犯，不存在没有正犯的帮助犯。而网络环境下帮助犯与正犯的连接方式呈现“辐辏型”，如果用一把伞作比

* 徐洋洋、黄薇，上海市嘉定区人民法院。

喻的话，伞轴像是共同犯罪中的帮助犯，处于中心位置，而伞骨则是正犯与帮助犯之间的意思联络，完全通过伞轴加以连接。[①] 帮助犯和正犯的联系松散化，传统的共犯理论无法适应新时代网络犯罪中帮助行为的刑法规制。

《刑法修正案（九)》增设《刑法》第 287 条之二，其内容是："明知他人利用信息网络实施犯罪，为其犯罪提供互联网接入、服务器托管、网络存储、通讯传输等技术支持，或者提供广告推广、支付结算等帮助，情节严重的，处三年以下有期徒刑或者拘役，并处或者单处罚金。单位犯前款罪的，对单位判处罚金，并对其直接负责的主管人员和其他直接责任人员，依照第一款的规定处罚。有前两款行为，同时构成其他犯罪的，依照处罚较重的规定定罪处罚"。

有观点认为，这是帮助行为正犯化的体现，是对帮助犯在网络环境中危害性超过实行犯的立法回应。[②] 也有人担心，这会使得中立的帮助行为被认定为犯罪，有扩大处罚化的趋势，需要对帮助信息网络犯罪活动罪进行限缩适用。[③] 关于第 287 条之二第 1 款的规范属性，理论上有三种观点：共犯正犯化说、量刑规则说与从犯主犯化说。我们认为，共犯正犯化说在形式与实质上均具有合理性。

应当说，网络安全是国家整体安全的一部分，构建和谐的网络环境是全社会综合治理的艰巨任务。本文旨在通过对全国范围内有关帮助信息网络犯罪活动罪已生效案件的分析，管窥司法实践中该罪的适用情况。基于此，反思实践中帮助信息网络犯罪活动罪存在的问题。秉着"法律不是被嘲笑的对象"的理念，在刑法教义学的视角下，重述帮助信息网络犯罪活动罪的规范属性，并分别从主观方面和客观方面对该罪的犯罪构成进行解析。

---

① 于志刚：《共同犯罪的网络异化研究》，中国检察出版社，2010，第 20 页。

② 参见于志刚《网络空间中犯罪帮助行为的制裁体系与完善思路》，载《中国法学》2016 年第 2 期。

③ 参见陈洪兵《帮助信息网络犯罪活动罪的限缩解释适用》，载《辽宁大学学报》（哲学社会科学版）2018 年第 1 期。

二　帮助信息网络犯罪活动罪的司法现状

《刑法修正案（九）》于2015年11月1日生效实施，至2018年4月1日，笔者从中国裁判文书网以“帮助信息网络犯罪活动罪”为条件检索到了61份刑事判决书或刑事裁定书，考虑其中有一份刑事裁定书裁定“发回重审”① 及两份刑事裁定书裁定“维持原判”②，合计58个生效案件。其中，2015年2件；2016年12件；2017年38件；2018年6件。通过对这58个生效案件进行研判，可以全面了解帮助信息网络犯罪活动罪在我国司法实践中的适用情况。

（一）法院适用罪名的总体情况

从58个案件判处的罪名来看，共涉及20个罪名，分别是帮助信息网络犯罪活动罪31次；侵犯公民个人信息罪2次；非法利用信息网络罪2次；伪造、买卖国家机关证件、印章罪1次；伪造、买卖身份证罪1次；买卖国家机关证件罪1次；掩饰、隐瞒犯罪所得罪2次；非法控制计算机信息系统罪3次；非法获取计算机信息系统数据罪1次；传播淫秽物品牟利罪1次；扰乱无线电通讯管理秩序罪3次；开设赌场罪1次；传授犯罪方法罪1次；非法提供信用卡信息罪1次；非法经营罪3次；信用卡诈骗罪1次；妨害信用卡管理罪1次；组织、领导传销活动罪1次；诈骗罪27次；盗窃罪3次。可见，帮助信息网络犯罪活动罪和诈骗罪是适用频率最高的罪名（具体分布情况如图1所示）。

---

① 这个“发回重审”的案件是〔2016〕冀06刑终8号，河北省保定市中级人民法院、河北省唐县人民法院审理河北省唐县人民检察院指控原审被告人聂某某、张某某、张某1、熊某、王某犯诈骗罪一案，于2015年12月7日作出〔2015〕唐刑初字第67号刑事判决，部分事实不清，发回重审。

② 两个“维持原判”的裁定对应的案件为：〔2017〕皖1523刑初124号与〔2017〕皖15刑终260号；〔2016〕粤0306刑初350号与〔2016〕粤03刑终1884号。

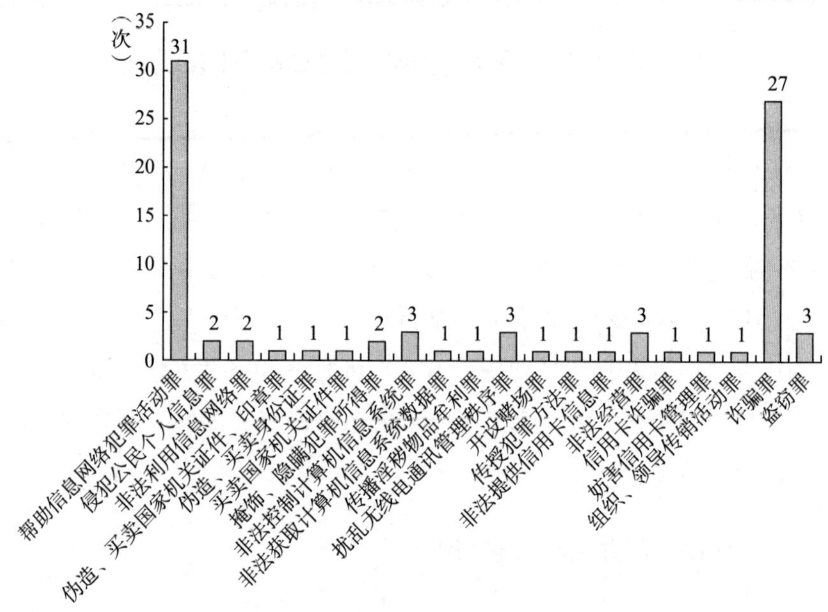

图 1　58 个案件所判处罪名具体分布

（二）网络服务提供者的行为方式

以帮助信息网络犯罪活动罪认定的 31 个案件（共 34 种行为模式）中涉及的网络服务提供者的行为模式分别有：支付结算 9 次；广告推广 4 次；互联网接入 5 次；服务器托管 4 次；网络存储 1 次；通信传输 1 次；钓鱼、仿冒网站 5 次；域名解析 1 次；其他 4 次①（如图 2 所示）。

（三）判决书对帮助信息网络犯罪活动罪“明知”的说理情况

31 份以帮助信息网络犯罪活动罪定罪的判决书对于“明知”的认定在裁判文书说理方面呈现较大的差异，具体可以分为三类：未说理的，如〔2018〕苏 0411 刑初 17 号；简单说理的，如〔2017〕皖 1523 刑初 124 号；充分说理的，如〔2016〕浙 0604 刑初 1032 号。经过统计，未说理的有 15

① 需要说明的是，由于统计的 31 个案件中有个别案件行为模式不止一种，所以总量为 34。

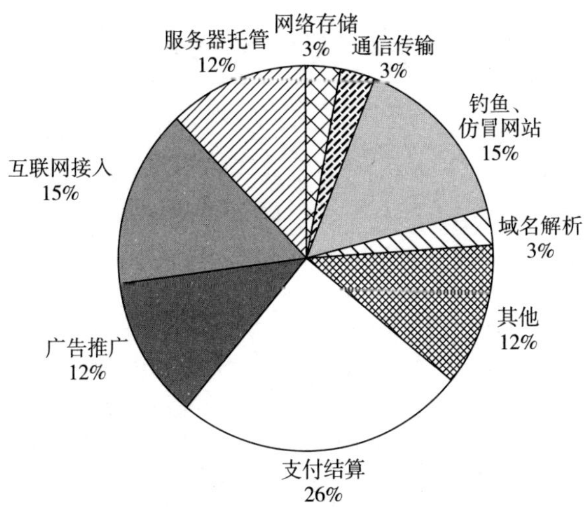

图 2　帮助信息网络犯罪活动罪中网络服务提供者的行为模式分布

个，约占 49%；简单说理的有 6 个，约占 19%；充分说理的有 10 个，约占 32%（如图 3 所示）。

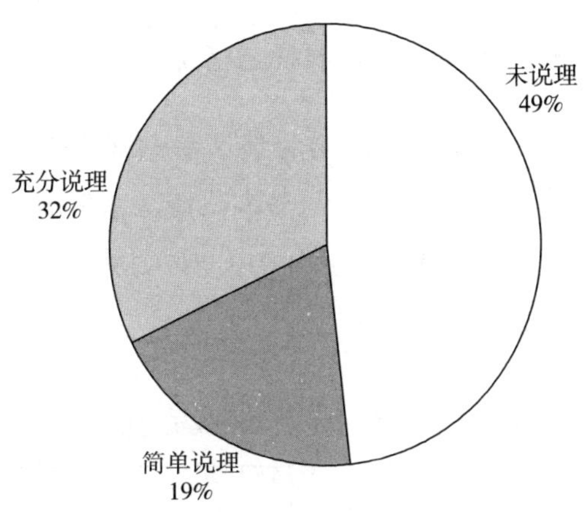

图 3　帮助信息网络犯罪活动罪判决书中对"明知"的说理情况

（四）帮助信息网络犯罪活动罪"情节严重"的认定因素

帮助信息网络犯罪活动罪要求"情节严重"，在追究刑事责任时要明确其追诉标准。由于尚未出台相关的司法解释，实践中对该罪"情节严重"的认定缺乏统一的标准。目前，已决案件中大致情形如表 1 所示。

表 1　已决案件中“情节严重”的考虑因素分类

序号	情节严重的考虑因素	实例
1	泄露的个人信息数量	〔2016〕苏 05 刑终 776 号，被告人宗某通过网站发布的公民个人信息高达 1218636 条之多，信息量巨大，应属情节严重
2	网络服务的数量	〔2016〕苏 0206 刑初 578 号，被告人张某为被告人吴某非法控制 60 余台计算机的信息系统提供支付结算帮助
3	非法获利	〔2018〕苏 0411 刑初 17 号，被告人杨某明知胡某、彭某（均另案处理）从事出售公民住宿信息的犯罪活动，仍为上述二人所用的网站提供服务器托管等技术支持，从中获利人民币 9000 元
4	受害人遭受损失	〔2017〕皖 1523 刑初 124 号，被告人江某使用手机号 130××××0915 激活他人的宽带账号，并将此账号高价出售给黄某（另案处理）用于电信诈骗犯罪活动。2016 年 8 月 26 日，黄某使用江某提供的宽带账号，利用微信软件，骗取了安徽恒盛实业有限责任公司人民币 98 万元
5	无明确的定罪标准，说理含糊	〔2016〕浙 0604 刑初 1032 号，根据本案的社会危害性，被告人冷某的行为应认定为情节严重

（五）适用其他罪名及主从犯的认定情况

从收集的全部案件看，不是判定为帮助信息网络犯罪活动罪且对网络服务提供者处罚的案件共计 27 件。对于网络服务提供者不区分主从犯的 10 件，作为主犯的 9 件，作为从犯的 9 件，因为〔2016〕粤 0306 刑初 350 号中同时作为主犯、从犯处理（见表 2）。

表 2　是否区分主从犯案件统计情况

是否区分主从犯	案号	罪名	最高处刑
未区分（10）	〔2018〕鲁 07 刑终 33 号	扰乱无线电通讯管理秩序罪	10 个月
	〔2017〕闽 08 刑终 281 号	侵犯公民个人信息罪	1 年 9 个月
	〔2017〕琼 97 刑终 74 号	非法控制计算机信息系统罪	3 年
	〔2016〕浙 01 刑终 1084 号	诈骗罪	11 年 6 个月
	〔2016〕京 0108 刑初 2019 号	非法利用信息网络罪	2 年
	〔2017〕浙 0603 刑初 8 号	侵犯公民个人信息罪	1 年
	〔2017〕豫 1303 刑初 1002 号	诈骗罪	3 年

续表

是否区分主从犯	案号	罪名	最高处刑
未区分（10）	〔2017〕鄂 0303 刑初 74 号	扰乱无线电通讯管理秩序罪	1 年
	〔2017〕沪 0104 刑初 915 号	盗窃罪	4 年
	〔2017〕苏 0311 刑初 67 号	传播淫秽物品牟利罪	6 个月
主犯（9）	〔2016〕浙 1082 刑初 722 号	诈骗罪	3 年 7 个月
	〔2017〕苏 06 刑初 48 号	诈骗罪	4 年
	〔2016〕鄂 10 刑初 207 号	诈骗罪	11 年
	〔2016〕吉 0581 刑初 424 号	诈骗罪	11 年 2 个月
	〔2017〕冀 08 刑初 87 号	诈骗罪	5 年
	〔2017〕粤 07 刑初 130 号	诈骗罪	7 年
	〔2016〕新 0203 刑初 151 号	扰乱无线电通迅管理秩序罪	3 年
	〔2016〕粤 0306 刑初 350 号	盗窃罪	8 年
	〔2016〕苏 1182 刑初 310 号	诈骗罪	3 年
从犯（9）	〔2016〕渝 01 刑终 575 号	非法获取计算机信息系统罪	3 年
	〔2017〕浙 0781 刑初 164 号	诈骗罪	2 年 10 个月
	〔2016〕浙 0783 刑初 903 号	诈骗罪	5 年
	〔2017〕豫 0603 刑初 16 号	诈骗罪	3 年
	〔2016〕兵 06 刑初 22 号	诈骗罪	5 年
	〔2016〕粤 0306 刑初 350 号	诈骗罪	8 年
	〔2016〕冀 1102 刑初 202 号	诈骗罪	1 年 4 个月
	〔2016〕浙刑初 80 号	诈骗罪	3 年 6 个月
	〔2016〕桂 0126 刑初 149 号	诈骗罪	6 年

三　帮助信息网络犯罪活动罪的司法实践之反思

本文第二部分是对我国涉及帮助信息网络犯罪活动罪的所有已决案件的现状概览，是关于客观实际的事实描述。接下来笔者将着重说明帮助信息网络犯罪活动罪在实践中存在的问题，即关于客观实际在认识上的价值评判。

（一）裁判文书对“明知”的说理之忽视

关于裁判文书中对“明知”的说理，几乎有一半未涉及，即文书主文只是照例引用法条，而未对这一主观要件进行证明。之所以会出现这种现象，一方面，这与大环境下我国法院裁判文书普遍不注重说理有关；另一方面，对于帮助信息网络犯罪活动罪来说，要证明的主观事实是“明知他人利用信息网络实施犯罪”，尚未有明确的推定规则。虽然规定本罪之后，对于“共谋”不需要证明了，但是对于本罪的“明知”还是需要证明的，否则就是客观归罪了。我们认为，〔2016〕浙 0604 刑初 1032 号判决书的说理就值得赞赏。该判决主文这样写道：“就本案主观方面，被告人冷某某知道租用者可能利用其出租的固定电话号码从事诈骗等违法犯罪活动，仍为了牟利，为租用者提供呼叫转接及充值话费等通讯服务，放任危害结果的发生，符合间接故意的主观心理态度。”法官使用“知道”与“可能”的表述，明晰了行为人主观上存在间接故意的心理态度。

“法律文本自身并不是一种真正的规范，只有经由法官解释之后，才能形成规范。”① 因此，第一，文书需要说理；第二，需要建构文书说理的模式，即“法官应结合案件事实，准确援引法条，并对法条含义及援引理由做出详尽且通俗的阐释”。② 申言之，从法律层面上要对本罪“明知”的认定建构合理的推定规则，让法官能够准确地将事实与规范进行涵摄。

（二）帮助信息网络犯罪活动罪“情节严重”的内容之模糊

本罪属于情节犯，情节严重是定量要素，它是区分罪与非罪的关键。问题是，本罪的“情节严重”是否依赖于被帮助者的行为构成？

我们认为，司法实践对此存在误区，对于帮助信息网络犯罪活动行为，

① 〔法〕米歇尔·托贝：《法律哲学：一种现实主义的理论》，张平、崔文倩译，中国政法大学出版社，2012，第 89 页。

② 叶琦、孙红日：《刑事判决书针对辩护意见的“回应性说理”之提倡——以 3 市基层法院无罪辩护的刑事判决书为样本》，载《法律适用》2017 年第 13 期。

如果从共同犯罪的角度定罪，就要在“违法是连带的，责任是个别的”的理念下认定“情节严重”；如果不认为成立共同犯罪，则不存在违法性连带意义上认定“情节严重”，换句话说，本罪的定量要素不依附于被帮助者的行为，需要构建其自身独有的定量要素。

“一旦采取以违法与责任为支柱的三阶层或者两阶层体系，就会认为，作为整体的评价要素的‘情节严重’中的情节，并不是指任何情节，只能是指客观方面的表明法益侵害程度的情节。”[①] 从已判决的案件对“情节严重”的考虑因素看，有些是需要剥离的。比如，“受害人损失”是诈骗罪的构成要件要素，被用来作为本罪的定量要素了，违背了不依附被帮助行为的原理。另外，不能笼统地说社会危害性严重，否则就是用不明确的概念解释不明确的概念。

（三）帮助信息网络犯罪活动罪重刑主义之否定

从帮助信息网络犯罪活动罪的实行行为类型看，似乎是中立的网络帮助行为，因而，出于对自由的保障及技术的发展的顾虑，必然会担心本罪会处罚扩大化及严厉化。

本罪的刑罚是“三年以下有期徒刑或者拘役，并处或者单处罚金”，就是说最高处刑是三年，但是从表 2 中可知，当网络服务帮助者成立共犯时，最高处刑是十一年六个月，显然，说本罪是重刑主义的体现是不正确的。根据轻罪的定义，法定刑最高为三年有期徒刑的犯罪是轻罪，因而本罪属于轻罪。《刑法修正案（九）》增设本罪，我们赞同增设本罪的立法动因是“利用网络实施的违法犯罪，隐蔽性强，犯罪证据收集困难，为打击整个犯罪链条，有必要减轻侦查机关的证明责任”,[②] 此乃功利主义的立法思维。不可否认，规定了本罪后因为证据不足或者难以查获利用网络实施犯罪的

---

① 张明楷：《犯罪构成体系与构成要件要素》，北京大学出版社，2010，第 241 页。

② 张晓娜：《全国人大法工委解读〈刑法修正案（九）〉涉网络条款》，载《民主与法制时报》2015 年 11 月 17 日。

人导致不追究网络服务提供者刑事责任的现象不会出现了，只要符合了本罪的犯罪构成，就不能用中立帮助行为理论来抗辩。

（四）网络服务提供者的义务设定之阙如

当前，我国刑事立法关于网络服务提供者的刑事责任的规定不明确，最引人注目的是关于技术中立行为是否可罚的问题。如图 2 所示，均为网络技术行为。自快播案以来，“技术中立行为的可罚性”成了全民大讨论的问题，王欣等被告人提供播放技术与缓存技术在淫秽视频传播链条中究竟有什么样的作用？这些行为是属于纯粹的中立行为，还是具有刑法评价意义的行为？《中外法学》2017 年第 1 期专门组织陈兴良、周光权等学者对快播案展开评析。陈兴良教授指出，网络中立行为能否出罪，不能简单地从主观上是否明知来判断，应当考虑网络服务提供者的义务。[①] 但是，司法实践对于网络服务提供者的义务的设定是缺失的，导致行为人出罪的事由容易被限制。

所以，为了破解司法打击的难题且有效保障纯粹技术中立行为的不可罚，需要对网络服务提供者分类为网络接入服务提供者、网络信息定位服务提供者、网络存储服务提供者和网络平台服务提供者。然后，通过立法设定不同的义务来限缩本罪的适用，实现技术发展与网络安全的价值平衡。

四　帮助信息网络犯罪活动罪的规范重述

为更妥当地指导司法实践，需要从理论上明确《刑法》第 287 条之二第 1 款的规范属性，即该款属于共犯正犯化，抑或帮助犯的量刑规则、从犯主犯化。在此基础上方能继续展开对本罪构成要件要素的建构与证明。

（一）对《刑法》第 287 条之二第 1 款规范属性的认识

关于第 287 条之二第 1 款，理论界主要有三种认识。第一种意见是共犯

① 陈兴良：《快播案一审判决的刑法教义学评判》，载《中外法学》2017 年第 1 期。

正犯化说，如于志刚教授认为，这一条文通过设立“帮助信息网络犯罪活动罪”这一独立罪名，对于技术帮助、金融服务、广告宣传等三种帮助行为统一规定了独立的罪名和法定刑，实现了共犯行为的高度独立化，将司法上、理论上的“共犯行为的正犯化”通过立法予以实现，原有的“帮助行为”即“共犯行为”通过立法独立为新的“实行行为”，即正犯化。[①] 第二种意见是量刑规则说，如张明楷教授说：“不管是从字面含义上解释我国《刑法》第 287 条之二第 1 款的规定，还是对该款规定进行实质的分析，都应当认为，该款并没有将帮助犯正犯化，只是对特定的帮助犯规定了量刑规则”。[②] 第三种意见是从犯主犯化说，如张勇教授指出，帮助信息网络犯罪活动罪的设立，与其说是“共犯正犯化”，不如说是“从犯主犯化”。网络帮助行为的法益侵害性质及程度无法脱离他人利用网络实施的犯罪行为而单独判断。“从犯主犯化”意味着原属从犯的帮助行为在共同犯罪中的作用受到刑法更为严重的否定评价和处罚，由共同犯罪中的“从犯”上升为“主犯”。[③]

首先，从犯主犯化说存在疑问，按照这种观点会出现立法与司法的错位。根据 2000 年 6 月 30 日最高人民法院《关于审理贪污、职务侵占案件如何认定共同犯罪几个问题的解释》，公司、企业或者其他单位中，不具有国家工作人员身份的人与国家工作人员勾结，分别利用各自的职务便利，共同将本单位财物非法占为己有的，按照主犯的犯罪性质定罪。从这一解释立场出发，共同犯罪中各个行为人构成不同罪名的时候，以主犯的罪名论定。因为立法上已经规定了网络服务提供者在帮助他人犯罪时属于主犯，成立帮助信息网络犯罪活动罪，从逻辑上讲，网络服务提供者至少成立帮助信息网络犯罪活动罪，甚至连带地也应将被帮助者认定为本罪。但是，

① 于志刚：《共犯行为正犯化的立法探索与理论梳理——以“帮助信息网络犯罪活动罪”立法定位为角度的分析》，载《法律科学》（西北政法大学学报）2017 年第 3 期。

② 张明楷：《论帮助信息网络犯罪活动罪》，载《政治与法律》2016 年第 2 期。

③ 张勇、王杰：《帮助信息网络犯罪活动罪的“从犯主犯化”及共犯责任》，载《上海政法学院学报》（法治论丛）2017 年第 1 期。

本罪的司法态度并非如此。广西壮族自治区宾阳县人民法院做出的〔2016〕桂 0126 刑初 149 号刑事判决书指出，被告人杨某明知他人实施诈骗犯罪，为他人提供网络技术支持等帮助，其行为已触犯《中华人民共和国刑法》第 266 条之规定，构成诈骗罪，公诉机关指控的罪名成立。被告人杨某在共同犯罪中起次要作用，是从犯，法院依法予以减轻处罚。[①] 帮助信息网络犯罪活动罪没有从从犯提升为主犯，否则将导致本罪的被告人不具有从犯的从轻情节。另外，立法规定本罪也不是要实现重刑化，而是要实现刑法的严而不厉。

其次，关于量刑规则说存在的不合理之处，刘仁文教授认为："张明楷教授提出的帮助犯的量刑规则这一观点，消解了《刑法》第 287 条之二第 1 款和第 3 款的差异，恰恰可以从反面佐证《刑法》第 287 条之二第 1 款并不是帮助犯的量刑规则而是帮助犯的正犯化"。[②]

再次，共犯从属性不能否认帮助信息网络犯罪活动罪的罪名属性。[③]

然后，从形式上看，"确定一种行为是否是刑法上的一个独立罪名，主要看刑法对这一行为是否作了罪刑式规定，即规定了罪状并规定了相应的法定刑"。[④] 因而，本罪是一个独立的罪名。

最后，共犯正犯化说是可取的。理由如下。(1) 本罪从共犯提升为正犯的一个重要原因是对独立法益的定位，如果侵害的法益仍然依附在被帮助者身上，说明还是共犯。(2) 这样的做法在立法和司法层面早已有之。

---

① 基本案情是：被告人杨某明知报装人和安装地点与实际情况不符，所装宽带被用于实施网络诈骗的情况下，仍到宾阳县宾州镇下寨村六组 134 号为廖某 2（另案处理）家安装了 07×××69 的宽带账号，并在 2015 年 4 月 12 日到上述地点为廖某 2 维护了 07×××01、07×××12 的两条宽带线路；廖某 2、廖某 3、廖某 4、廖某 5、蔡某、刘某 1、何某等人（均另案处理）利用上述宽带通过木马病毒窃取他人通讯录、QQ 号、聊天信息骗取他人财物。法院认定被告人杨某构成诈骗罪且属于从犯。

② 刘仁文：《帮助行为正犯化的网络语境——兼及对犯罪参与理论的省思》，载《法律科学》（西北政法大学学报）2017 年第 3 期。

③ 赵运锋：《帮助信息网络犯罪活动罪的立法依据与法理分析》，载《上海政法学院学报》（法治论丛）2017 年第 1 期。

④ 陈兴良：《共同犯罪论》（第 2 版），中国人民大学出版社，2006，第 510 页。

立法上如第103条第2款规定的煽动分裂国家罪、第107条资助危害国家安全犯罪活动罪。司法上如2010年2月“两高”颁布的《关于办理利用互联网、移动通信终端、声讯台制作、复制、出版、贩卖、传播淫秽电子信息刑事案件具体应用法律若干问题的解释（二）》中相关的规定。（3）帮助行为正犯化的理论基础是片面共犯理论，“无论是大陆法系还是英美法系，对片面共犯的存在都持普遍认可的态度”。[①]（4）量刑规则说否认了本罪适用《刑法》第27条，这在量刑上对行为人不利。并且，如果本罪是正犯，相应的教唆、帮助行为也是可能存在的。

（二）刑法教义学视角下帮助信息网络犯罪活动罪的规范构造

“信息时代的网络技术不仅在客观构成要件要素、定量评价因素上对传播刑法理论和刑事司法实践产生了冲击，而且在犯罪主观方面对理论和实践进行了挑战。”[②] 除了前文指出的“情节严重”的问题，对于本罪的“明知”和因果关系的认定均未出台司法解释，导致了目前司法实践中还是采取过往的共同犯罪中帮助犯的定罪思路。

1. 明知的构造与证明

（1）明知的构造。针对刑法分则中明知，可以以表现犯为解释进路。表现犯是一个德、日刑法学理论上的概念，但是我们可以借鉴。“表现犯是指以内心认知作为主观构成要件要素的犯罪。”[③]“我国刑法分则规定的明知是一种前置型的明知，因此其不是对刑法总则规定的明知的例外，而是一种并列关系。在这种明知的立法例中，明知在具体犯罪构成要件中发挥了更多的限定性作用，使缺乏明知的行为从构成要件中排除，而不是在故意中排除。”[④] 分则的明知是构成要件要素，是反映被告人违法性的内容。

---

① 赵运锋：《帮助信息网络犯罪活动罪的立法依据与法理分析》，载《上海政法学院学报》（法治论丛）2017年第1期。

② 郭旨龙：《论信息时代犯罪主观罪过的认定——兼论网络共犯的“通谋”与“明知”》，载《西部法学评论》2015年第1期。

③ 陈兴良：《刑法分则规定之明知：以表现犯为解释进路》，载《法学家》2013年第3期。

④ 陈兴良：《刑法分则规定之明知：以表现犯为解释进路》，载《法学家》2013年第3期。

本罪的规定“明知他人利用信息网络实施犯罪”，也就是说，行为人对他人利用信息网络实施犯罪要有一定的认识，我们认为，这种认识可以是概括性的认识，因为没有事前的沟通，也就没有共同实施犯罪的故意。问题是，认识到犯罪怎么理解？“正犯是否构成犯罪，与网络帮助行为是否构成犯罪，并无直接的处罚关联性。”[①] 因此，对这里的犯罪应该做一个相对性的理解，可以采取违法意义上的犯罪，而非责任意义上的犯罪。这一点与洗钱罪和掩饰、隐瞒犯罪所得罪中明知作同一理解。分则中的明知是违法要素，因此，“在真正的网络中立业务行为中，因缺乏违法性，‘明知是犯罪’的认识问题不复存在”。[②]

（2）明知的证明。除了口供（被告人自认与同案犯陈述）以外，对于明知的证明依赖推定。所谓推定，就是要在基础事实和推定事实之间建立常态联系的规则。本罪的基础事实是：为他人实施信息网络犯罪提供技术支持和帮助。推定事实是：明知他人利用信息网络实施犯罪。从实践经验与国内外相关立法的情况看，这种常态联系主要有以下情形，但有证据证明确实不知道的除外：一是明知网站、网页等内容的虚假性；二是收取的网络服务费用明显超过行业标准，或收取巨额广告费等费用；三是提供网络技术支持或服务，并非法牟取利益的；四是从事专门用于违法犯罪的活动或者提供专门用于违法犯罪活动的程序、工具的；五是因违法行为被有关部门提出告知或整改意见或已经接受行政处罚；六是接到举报后不履行法定管理职责的；七是营利模式或者提供的技术服务所对应的活动不符合常规；八是故意避开网络监管要求或采取技术规避措施；九是其他能推定明知的情形。

2. 因果关系的构造与证明

（1）因果关系的构造。帮助信息网络犯罪活动罪的因果关系限于物理

① 张铁军：《帮助信息网络犯罪活动罪的若干司法适用难题疏解》，载《中国刑事法杂志》2017 年第 6 期。

② 张铁军：《帮助信息网络犯罪活动罪的若干司法适用难题疏解》，载《中国刑事法杂志》2017 年第 6 期。

性的因果关系，不包括心理性的因果关系，这是本罪区别共犯的因果关系之处。

认定因果关系，首先要明确何为因、何为果？显然，实行行为是原因，但本罪的结果是什么就不怎么好回答了。这里涉及刑法上行为犯与结果犯的划分。“行为犯与结果犯的区别在于行为终了与结果发生之间是否具有时间上的间隔：结果犯在行为的终了与结果的发生之间具有时间上的间隔，而行为犯则没有间隔。”① 所以，如果本罪是行为犯，那就不需要证明因果关系了，只有结果犯需要明晰因果关系。可是，“行为犯也必须具有侵犯法益的性质，否则不可能构成犯罪”。② 本罪的法益是和谐安全的网络社会秩序，因而，“应当以提供信息网络技术支持、帮助制造法律禁止的风险为核心确立其信息网络犯罪的客观责任基础”。③ 本罪的因果关系构造就是行为的客观归责性。

（2）因果关系的证明。本罪属于情节犯，“情节犯是中国刑法中因犯罪概念定性又定量而特有的一个概念。由于情节犯中的情节往往是一个综合性要素，若个案中的情节表现为物质性的危害结果时，这种情节犯相当于实害犯，但如果情节表现为一定行为的完成时，这种情节犯又相当于行为犯”。④ 所以，本罪又属于行为犯。对其因果关系的判断主要是考虑实行行为的完成以及“情节严重”的满足。所以，在网络服务提供者完成了技术帮助等行为时，就表示制造了法所不允许的风险；当符合“情节严重”时，就表示风险使法律所保护的社会利益造成现实危险或者出现实际损害。

3. “情节严重”内容的构造

关于“情节严重”在犯罪论体系中的定位，有客观处罚条件说、类构成要件复合体说、整体的评价要素说和违法构成要件要素说。倘若坚持

---

① 张明楷：《刑法学》（第五版），法律出版社，2016，第 168 页。

② 张明楷：《刑法学》（第五版），法律出版社，2016，第 168 页。

③ 刘宪权：《论信息网络技术滥用行为的刑事责任——〈刑法修正案（九）〉相关条款的理解与适用》，载《政法论坛》2015 年第 6 期。

④ 陈洪兵：《渎职罪理论与实务中的常见误读及其澄清》，http://article.chinalawinfo.com/ArticleFullText.aspx? ArticleId=93566，访问时间：2018 年 4 月 17 日。

"情节严重"是针对行为不法或结果不法的不法含量提出的程度要求，则整体的评价要素说与违法构成要件要素说具有合理性。二者的区别在于后者严格遵照对刑法进行规范理解，不允许刑事政策对刑法的藩篱的逾越。也就是说，"情节严重"只是表明行为违法性的程度，且只与行为人本人的行为相关，这就限制了"情节严重"的范围，不能发挥它作为开放的构成要件的张力。因而，我们主张整体的评价要素说。

本罪"情节严重"属于整体的评价要素，在构建其内容时应该注意的是：第一，它是客观的违法要素；第二，它是表明行为违法性程度的要素。由于帮助信息网络犯罪活动罪是独立的罪名，"情节严重"的内容就不应依附在其他犯罪构成之上。基于网络犯罪的特点，我们主张"积量成罪"的原则，以此来考虑本罪"情节严重"的要素设计。通过对实践中"情节严重"的归纳，除去不合理的部分并增加另外的内容，可采用例式法规定本罪"情节严重"的情形有：一是提供技术帮助或支持十人次以上；二是造成十台以上计算机信息系统无法正常运行；三是造成二十台以上计算机信息系统数据丢失或被非法控制、病毒破坏；四是违法所得五千元以上或者造成经济损失一万元以上的；五是其他情节严重的情形。

五　结语

帮助信息网络犯罪活动罪尚未沦为处罚网络服务提供者的"口袋罪"，[①] 但本罪的设立及司法解释中其他共犯正犯化的规定，均是在对于犯意联络认定困难、正犯无法追究刑责等情形下为了打击帮助犯而做出的利益衡量的结果。这是满腔热血地希望把社会和国家治理成一个比较纯净的、安全

---

① 于志刚教授认为，帮助信息网络犯罪活动罪的立法定位，是一个为了解决入罪难问题而设置的兜底型罪名，是一个不得已而为之的对于难以查清共犯（帮助犯）与正犯之间的犯意联系的情况下，为了严厉制裁职业化、产业链化的网络犯罪帮助行为，而设立的筐型罪名，它是一个小小的"口袋罪"，是为网络犯罪帮助行为设置的小小"口袋罪"。参见于志刚《共犯行为正犯化的立法探索与理论梳理——以"帮助信息网络犯罪活动罪"立法定位为角度的分析》，载《法律科学》（西北政法大学学报）2017 年第 3 期。

的、严谨有序的理想状态的情绪性立法和司法。刑法的谦抑性决定了它的补充性、不完整性和最后手段性，特别是在网络安全和技术发展两种价值冲突的场合，刑法应当保持适当的“退缩”，而非积极的“冒进”，这是一种难能可贵的选择。

《网络法学研究》2018 年卷
第 166～176 页

非法获取计算机信息系统数据案

——利用网络管理权限对用户账户内的充值虚拟币“钻石”进行转移并提现的行为认定

朱冠琳*

摘　要：本案例所涉案件系互联网交友平台中涉及网络虚拟货币的新型网络犯罪案件。行为人主要利用其网络管理权限实施了对平台用户账户内的充值虚拟币“钻石”转移并提现的行为。通过对该行为的司法认定，本案例一方面对涉案虚拟货币“钻石”的属性进行了界定，明确提出网络平台上不具有自由交换的现实流通性和价值稳定性的虚拟货币不能认定为刑法上的“财物”，并进而对司法理论中争议颇大的网络虚拟财产能否认定为刑法上的“财物”的问题提出了判断依据。另一方面，本案例针对司法实践中对破坏计算机信息系统罪在法律适用上的不同认识，明确提出该罪中对数据和应用程序的“增删改”行为针对的应当是被破坏之前就已存在于计算机信息系统内的，且关系到计算机信息系统能否正常运行与系统安全的数据和应用程序。行为人转移并控制计算机信息系统中存储的不具有上述特征的数据应认定为非法获取计算机信息系统数据罪。

关键词：刑法规定的“财物”　非法获取计算机信息系统数据　破坏计算机信息系统

* 朱冠琳，杭州市西湖区人民法院刑事审判庭审判员，一级法官。

裁判要点

（1）网络交友平台上不具有自由交换的现实流通性和价值稳定性的充值虚拟币，不是刑法规定的“财物”，应界定为计算机信息系统数据。

（2）破坏计算机信息系统罪中对数据和应用程序的“增删改”行为针对的应当是被破坏之前就已存在于计算机信息系统内的，且关系到计算机信息系统能否正常运行与系统安全的数据和应用程序。

相关法条

《中华人民共和国刑法》第285条第2款：违反国家规定，侵入前款规定以外的计算机信息系统或者采用其他技术手段，获取该计算机信息系统中存储、处理或者传输的数据，或者对该计算机信息系统实施非法控制，情节严重的，处三年以下有期徒刑或者拘役，并处或者单处罚金；情节特别严重的，处三年以上七年以下有期徒刑，并处罚金。

《中华人民共和国刑法》第286条第1、2款：违反国家规定，对计算机信息系统功能进行删除、修改、增加、干扰，造成计算机信息系统不能正常运行，后果严重的，处五年以下有期徒刑或者拘役；后果特别严重的，处五年以上有期徒刑。

违反国家规定，对计算机信息系统中存储、处理或者传输的数据和应用程序进行删除、修改、增加的操作，后果严重的，依照前款的规定处罚。

案件索引

一审：杭州市西湖区人民法院〔2017〕浙0106刑初791号（2017年10月16日）

基本案情

公诉机关诉称：2015年6月至2016年2月，被告人施某某在杭州纳财公司担任客服，其掌握的24号管理官账号有修改用户密码的权限。2015年

12 月至 2016 年 4 月，被告人施某某利用上述权限，在本市西湖区翠柏路 7 号、三墩金家渡路等地，对公司一款名为“Hi”的交友软件平台上大量注册用户的账户密码进行修改，并将上述账户内的充值虚拟币“钻石”统一以“送礼”的方式转移至其违规解禁的 ID 为 235829 的可提现账号内，而后在公司软件平台内将虚拟币兑换成现金后提现至用户名为张某某的支付宝账户内，违法所得共计人民币 15587 元。案发后，被告人施某某向杭州纳财网络科技有限公司退赔人民币 19725 元并取得谅解。

被告人施某某对公诉机关指控的事实与罪名均无异议。辩护人认为，本案所涉并非暴力型犯罪，而被告人施某某主观恶性较小，犯罪情节较轻，在归案后也能如实供述自己的罪行，具有坦白情节，且其已赔偿被害人相应损失并取得了谅解，又系初犯、偶犯，请求对其从轻处罚。

法院经审理查明：2015 年 6 月至 2016 年 2 月，被告人施某某在杭州纳财公司担任客服，其掌握的 24 号管理官账号有修改用户密码的权限。2015 年 12 月至 2016 年 4 月，被告人施某某利用上述权限，在本市西湖区翠柏路 7 号、三墩金家渡路等地，对公司一款名为“Hi”的交友软件平台上大量注册用户的账户密码进行修改，并将上述账户内的充值虚拟币“钻石”统一以“送礼”的方式转移至其违规解禁的 ID 为 235829 的可提现账号内，而后在公司软件平台内将虚拟币兑换成现金后提现至用户名为张某某的支付宝账户内，违法所得共计人民币 15587 元。案发后，被告人施某某向杭州纳财网络科技有限公司退赔人民币 19725 元并取得谅解。

裁判结果

杭州市西湖区人民法院于 2017 年 10 月 16 日作出〔2017〕浙 0106 刑初 791 号刑事判决：(1) 被告人施某某犯非法获取计算机信息系统数据罪，判处有期徒刑一年，缓刑一年六个月，并处罚金人民币三千元；(2) 将扣押于公安机关的被告人施某某非法获取计算机信息系统数据所使用的电脑主机一台和苹果牌 6plus 型手机一部，予以没收。宣判后，被告人施某某未提起上诉，检察机关未提起抗诉，判决已发生法律效力。

裁判理由

法院生效裁判认为：被告人施某某违反国家规定，侵入国家事务、国防建设、尖端科学技术领域以外的计算机信息系统，获取该计算机信息系统中存储的数据，情节严重，其行为已构成非法获取计算机信息系统数据罪。公诉机关的指控成立。被告人施某某自愿认罪，且赔偿被害人相应损失并取得谅解，酌情予以从轻处罚。根据被告人施某某的犯罪情节、悔罪表现以及没有再犯罪的危险，宣告缓刑对其所居住社区没有重大不良影响，故对其宣告缓刑。

案例注解

本案系时下发展迅猛的互联网交友平台中涉及网络虚拟货币的新型网络犯罪案件。被告人施某某系杭州纳财网络科技有限公司员工，该公司主要通过网络技术运营一款名为“Hi 交友”（此前叫作“咪我 Hi”）的网络软件，该软件宣称为一款以优质真实女性用户为依托，丰富的互动娱乐场景为内容的游戏娱乐化及才艺展示、视频直播类的社交软件。涉案所谓“钻石”系该互动交友平台上流通的一种网络虚拟货币，该虚拟货币在平台上的流通规则是，只有注册的男用户可以通过充值方式购买，购买后可以使用“钻石”在平台上购买各种形式的虚拟礼物，赠送给平台上的女用户，用于男女用户之间的互动交流。平台上只有女用户可以将“钻石”进行提现，兑换成真实的货币。被告人施某某利用其担任该平台后台管理员具有修改用户账号密码的权限，对平台中多名男用户的账户密码进行修改后，将用户账户中的虚拟货币“钻石”转移至其控制的一个女性账户中，随后通过平台提现获利。对于被告人施某某的行为如何认定，在案件审理过程中存在多种不同意见。本案移送审查起诉的公安机关认为对被告人的行为应当认定为盗窃罪，亦有观点认为被告人系利用其作为后台管理员的职务便利实施的窃取行为，应当认定为职务侵占罪；审查起诉和审判阶段对该案的定性又存在破坏计算机信息系统罪和非法获取计算机信息系统数据罪等不同意见。经审理认为，对被告人的行为应当认定为非法获取计算机信息系统数据罪，主要认定依据如下。

（1）网络平台上不具有自由交换的现实流通性和价值稳定性的虚拟货币不能认定为刑法上的“财物”，因而被告人的行为不能成立盗窃罪或者职务侵占罪。

对于盗窃网络虚拟财产行为的定性争议由来已久，随着互联网的快速发展以及网络游戏、网络直播及交友平台的日新月异，通过网络盗窃虚拟财产的案件大量增加，对此类案件争议的焦点集中于对网络中存在的虚拟财产、虚拟货币能否认定为刑法意义上的公私财物的问题。对此，刑法学界和实务界尚未形成统一的界定。为数不少的刑法学者认为应当将网络虚拟财产作为刑法上的财产予以保护，刑法上公私财物的内涵和外延已经随着时代的变化而改变，作为互联网时代产生的一种全新的财产形式，在法律没有单独规定之前，可以对刑法第 92 条第 4 项规定的“其他财产”进行扩大解释，将虚拟财产纳入“其他财产”中予以保护，使之可以成为盗窃罪的犯罪对象。然而，司法实务部门却并未采纳学界的这种界定。早在 2010 年，有关部门曾就利用计算机窃取他人游戏币非法销售获利的行为定性问题征求过最高人民法院研究室的意见，最高人民法院研究室经研究认为：利用计算机窃取他人游戏币非法销售获利行为目前宜以非法获取计算机信息系统数据罪定罪处罚。在 2013 年“两高”出台《关于办理盗窃刑事案件适用法律若干问题的解释》（后称《解释》）的过程中，对盗窃虚拟财产的认定也经过了深入研究。相关司法解释的起草者在《〈关于办理盗窃刑事案件适用法律若干问题的解释〉的理解与适用》中亦明确：对于盗窃虚拟财产的行为，如确需刑法规制，可以按照非法获取计算机信息系统数据等计算机犯罪定罪处罚，不应按盗窃罪处理。域外国家和地区对虚拟财产的法律保护实际上也存在很大的差异，有的国家是将虚拟财产作为财产，通过刑事司法中关于财产犯罪的规定予以保护；但有的国家则不同，例如德国刑事司法中就将虚拟财产作为电磁记录，通过妨害计算机网络系统犯罪予以规制；我国台湾地区的刑事司法更是存在一个变化的过程，台湾

“刑法”早先是将作为虚拟财产表现形式的电磁记录规定为动产，对盗窃网络虚拟财产的行为按照盗窃罪论处，随后，又基于电磁记录的可复制性和未必一定破坏他人的合法持有等特点，认为不符合盗窃罪的构成要件，而将之纳入计算机类犯罪予以规制。

我们认为，网络虚拟财产本身实际是一个大的范畴或者概念，随着互联网时代信息科技的高速发展，面对纷繁复杂的互联网经济形态和载体，虚拟财产亦存在多种不同的种类和表现形式。从最早引发争议的腾讯QQ账号到目前多见的网络游戏装备、游戏币，以及用于互联网消费的腾讯Q币、百度币；还有目前不断涌现的新形式的虚拟货币，例如支付宝中的集分宝等。不同案件中所面对的虚拟财产无论从内容还是形式上均存在不同的特征。涉案的虚拟财产或者说虚拟货币能否作为刑法上的财物予以规制，判断时不应当超出普通人的普遍认知，对虚拟财产的实质判断应当从具体案件的表现形式出发，从社会对财产性质的普遍认同着手。据此，我们认为，一种虚拟财产是否属于刑法意义上的财物，其首先应当具备几个基本属性：①该虚拟财产可以通过法定货币的购买有偿取得；②该虚拟财产具有自由交换的现实流通性，具备基本的交换价值，能够在网络用户之间不受限制地交换流转；③该虚拟财产具有价值的稳定性，其交易价格客观，价值计算现实可行，具有可操作性。

考察本案中犯罪行为所针对的虚拟货币“钻石”，其确实可以由平台中的男性用户通过真实的法定货币向平台经营者购买取得，但其明显不具备自由交换的现实流通性和价值的稳定性。其使用的规则是只有在平台注册的男用户可以通过充值方式购买，但用户在购买“钻石”后不能以法定货币赎回即提现，亦不能转赠给其他男性用户，只能通过购买虚拟礼物的方式赠予女用户，平台上亦只有女用户可以将“钻石”进行提现，兑换成真实的货币。从上述规则可见，首先，该虚拟货币在涉案平台上并不能无限制地自由交换和流通，该货币的购买权、交易权和赎回权均有所限制，其实际只是网络平台所设计的供男性用户娱乐身心、交友所用并且能够实现收益的一种网络工具。其次，从价值上考量，涉案平台上“钻石”的价格均由创造和发行该“钻石”的网络公司自行确定，相关购买价格被规定为六档：第一档位充6元人民币得18颗钻石；第二档位充18元人民币得78颗钻石；第三档位充68元人民币得298颗钻石；第四档位充108元人民币得488颗钻石；第五档位充198元人民币得918颗钻石；第六档位充388元人民币得1988颗钻石。而提现的价格固定为60颗钻石变现10元人民币。从上述价格可见，购买“钻石”的价格在任何情况下都是要高于提现“钻石”的价格的，因此网络公司的盈利实际就是通过购买与提现之间的差价获得。而整个软件平台上的“钻石”数量是不受限制的，具有可无限复制性。从上述特征可见，涉案虚拟货币“钻石”价格系由发行公司自行确定，不是根据市场交易形成，具体价格的高低具有较大随意性，发行公司只要保证购进价格与提现价格之间存在价差，其具有获利空间即可；同时该虚拟货币不具有自由交换的现实流通性，不具备财物的交换属性。综上，其本质上并不属于刑法意义上的财物。因而，涉案虚拟货币不能成为盗窃罪和职务侵占罪的犯罪对象，行为人的行为亦不应认定为盗窃罪和职务侵占罪。

根据2010年文化部发布的《网络游戏管理暂行办法》的有关规定：网络游戏虚拟货币是指由网络游戏经营单位发行，网络游戏用户使用法定货币按一定比例直接或者间接购买，存在于游戏程序之外，以电磁记录方式存储于服务器内，并以特定数字单位表现的虚拟兑换工具。网络游戏虚拟货币的使用范围仅限于兑换自身提供的网络游戏产品和服务，不得用于支付、购买实物或者兑换其他单位的产品和服务；网络游戏运营企业只需将网络游戏虚拟货币发行种类、价格、总量等情况按规定报送注册地省级文化行政部门备案。从上述规定结合实践可知，网络虚拟货币在本质上是以电磁记录方式存储，以数字单位为表征的虚拟工具，具有可复制性，实质上应属于计算机信息系统中存储的数据。对于转移、窃取涉案虚拟货币的行为应当通过相关涉及计算机网络罪名予以规制。

（2）破坏计算机信息系统罪中对数据和应用程序的“增删改”行为针对的应当是被破坏之前就已存在于计算机信息系统内的，且关系到计算机信息系统能否正常运行与系统安全的数据和应用程序。行为人转移并控制计算机信息系统中存储的不具有上述特征的数据应认定为非法获取计算机信息系统数据罪。

在明确了涉案虚拟货币的属性，肯定应当通过涉计算机网络相关罪名予以规制之后，本案如何定性的关键就在于对被告人行为的准确辨析。从被告人利用后台权限修改用户密码，进入用户账户后将账户中的虚拟货币转移至自己控制的账户中并予以提现获利的行为看，其实质属于违反国家规定，非法获取计算机信息系统中存储的数据的行为。根据“两高”《关于办理危害计算机信息系统安全刑事案件应用法律若干问题的解释》的有关规定，违法所得五千元以上或者造成经济损失一万元以上的构成非法获取计算机信息系统数据罪的“情节严重”，本案违法所得共计人民币 15587 元，符合司法解释要求，因而本案符合非法获取计算机信息系统数据罪的构成要件。

但在审理过程中，有观点提出本案应当以破坏计算机信息系统罪认定。理由是根据《刑法》第 286 条第 2 款的规定，违反国家规定，对计算机信息系统中存储、处理或者传输的数据和应用程序进行删除、修改、增加的操作，后果严重的，依照前款的规定认定为破坏计算机信息系统罪定罪处罚。前述两高《关于办理危害计算机信息系统安全刑事案件应用法律若干问题的解释》对所谓的“后果严重”进行了界定，该解释第 4 条规定：“破坏计算机信息系统功能、数据或者应用程序，具有下列情形之一的，应当认定为刑法第二百八十六条第一款和第二款规定的“后果严重”：（一）造成十台以上计算机信息系统的主要软件或者硬件不能正常运行的；（二）对二十台以上计算机信息系统中存储、处理或者传输的数据进行删除、修改、增加操作的；（三）违法所得五千元以上或者造成经济损失一万元以上的；（四）造成为一百台以上计算机信息系统提供域名解析、身份认证、计费等基础服务或者为一万以上用户提供服务的计算机信息系统不能正常运行累计一小时以上的；（五）造成其他严重后果的”。从本案情况看，被告人将本质为计算机信息系统数据的虚拟货币从部分用户账户里转移至其个人控制的账户里，实际就是对计算机信息系统中存储的数据进行增删改的操作，被告人的违法所得已经达到五千元以上，因此亦符合破坏计算机信息系统罪的构成要件。其行为属于想象竞合，应当从一重处罚，而破坏计算机信息系统罪的法定刑更重，据此对本案被告人的行为应当认定为破坏计算机信息系统罪。

该观点的提出实际深刻地反映出当前司法实践中对破坏计算机信息系统罪在法律适用上相当程度的误读。有学者就提出近年来破坏计算机信息系统罪已经迅速地沦为网络犯罪中的“口袋罪”，其“口袋化”的原因就在于大量司法机关在适用该罪名时简单地认为所有对于计算机信息系统数据的增删改行为，无论是否影响计算机信息系统的正常运行，都被视为符合破坏计算机信息系统罪的罪状描述。同时，最高人民法院前述危害计算机信息系统安全司法解释的起草者在《〈关于办理危害计算机信息系统安全刑事案件应用法律若干问题的解释〉的理解与适用》中亦提及：《解释》第 4 条只是明确了破坏计算机信息系统功能、数据或者应用程序行为的“后果严重”“后果特别严重”的具体情形，是否构成犯罪，还需要结合《刑法》规定的其他要件判断。而根据《刑法》第 286 条第 1 款、第 2 款的规定，破坏计算机信息系统功能和破坏计算机信息系统数据、应用程序行为的入罪要件并不相同，前者要求“造成计算机信息系统不能正常运行”，而后者不需要这一要件，因此，在司法实践中，需要依据《刑法》和《解释》的规定，根据具体案件情况进行分析判断，确保定罪量刑的准确。很多实务工作者也据此认为，既然不需要“造成计算机信息系统不能正常运行”这一要件，那么只要对计算机信息系统中的数据实施了增删改行为就可以入罪。但在实践中我们会发现，作为一个动态数据系统的计算机信息系统，任何一项加诸该系统的操作行为都可能会对计算机信息系统数据产生增删改的效果，即使是最简单的打开某一应用程序或者文件夹的基本行为，严格地说也都会在计算机信息系统后台数据运行中留下操作记录，增加计算机信息系统的数据；再如目前多见的利用木马程序控制计算机信息系统实施的犯罪行为，任何的木马程序都必须通过各种手段先植入计算机信息系统中才能够发挥作用，植入木马程序的过程本质上也是对计算机信息系统数据和应用程序的增加，那么是不是可以说所有利用木马程序实施的非法控制计算机信息系统的行为都可以被认定为破坏计算机信息系统罪，而考虑到破坏计算机信息系统罪在涉及计算机犯罪的刑法罪名中比较而言均属于重罪，那么实际上无形中等于架空了非法控制计算机信息系统罪等罪名的适用。

我们认为，对《刑法》第 286 条第二款所规定的破坏计算机信息系统罪中所称的“计算机信息系统中存储、处理或者传输的数据”应当做实质理解，不能简单地将这些数据理解为计算机信息系统中存储、处理或者传输的所有数据。相关司法解释起草者在解读中所说的该条款不要求“造成计算机信息系统不能正常运行”这一构罪要件是从所造成的后果角度进行区分，但不影响对该条款所规制的数据本身的解释和限定。相关解读中也提到虽然司法解释对“后果严重”“后果特别严重”的具体情形进行了规范，但对相关破坏计算机信息系统功能、数据或者应用程序行为是否构成犯罪，还需要结合《刑法》规定的其他要件判断。同时，也应当注意到，司法解释中相关条款使用的是“破坏”计算机信息系统数据或者应用程序，具有相关情形的构成“后果严重”，而不是直接使用“增删改”计算机信息系统数据或者应用程序这样的表述。这也反映出并不是简单“增删改”数据或者应用程序就属于对计算机信息系统的“破坏”。我们认为，破坏计算机信息系统罪所要保护的应当是被破坏之前就已存在于计算机信息系统内的数据和应用程序，而且应当是关系到计算机信息系统能否正常运行或者说关系到计算机信息系统安全的数据和应用程序。这样的界定一方面符合破坏计算机信息系统罪的本质属性及其所要保护的法益，且使得《刑法》第 286 条所规定的 3 款罪状之间在罪质上保持一致，也能够与破坏计算机信息系统罪所规定的相对较重的法定刑相匹配；另一方面，也能够有效地实现破坏计算机信息系统罪与其他涉计算机网络犯罪罪名之间的区分，特别是将该罪与非法获取计算机信息系统数据罪、非法控制计算机信息系统罪等罪名区别开来，改变破坏计算机信息系统罪作为“口袋罪”的适用趋向，纠正司法适用上的混乱和误区。基于上述分析可见，本案中所涉及的虚拟货币“钻石”，其虽系之前就存在于计算机信息系统内的数据，但明显不属于关系到计算机信息系统能否正常运行或者关系到计算机信息系统安全的数据，对其的增删改行为不会影响整个软件和信息系统的有效运作，因而不能成为破坏计算机信息系统罪所规制的对象。据此，对本案被告人的行为不能认定为破坏计算机信息系统罪，而仅能以非法获取计算机信息系统数据罪定罪处罚。

《网络法学研究》2018 年卷
第 177 ~ 191 页

关于网络服务提供者直接适用举证责任倒置的可行性分析

王琮玮*

摘　要： 近年来，以互联网为平台的线上服务业务发展迅速，但由此衍生的网络信息泄露、诈骗等案件频繁发生。在司法实践中，审理此类案件面临着诸多问题，其核心问题在于网络用户本身的网络安全责任及网络服务提供者对个人信息负有安全义务。因先天性的技术差距等原因，个人用户存在举证困难，导致案件胜诉不能。本文以某部分消费者起诉某网购平台未尽网络安全保障义务案例为出发点，分析实现举证责任倒置的可行性和重要意义，并提出相关建议，促使网络服务提供者遵守法律法规，建立网络安全保障全方位的体系制度，更好地维护网络安全。

关键词： 网络服务提供者　网络安全　举证责任倒置

近年来，以互联网为平台的线上服务业务发展迅速，用电子邮件联系沟通、上电商网站购物、在网上订机票酒店等，消费者越来越多地享受到科技带来的便利生活，但由此衍生的网络信息泄露、诈骗等案件频繁发生，大量关于个人信息保护的网络安全问题、个人信息的不当扩散与不当利用已经逐渐发展成为危害公民民事权利的一个社会性问题。在大数据时代，信息的收集和匹配成本降低，原来单个的、孤立的、可以公示的个人信息，

---

* 王琮玮，北京市京师律师事务所合伙人、律师。

已经被收集、提取和综合，形成全方位、系统性的整体信息，一旦被泄露扩散，任何人都将没有自己的私人空间，个人的隐私将遭受威胁。因此，基于合理事由掌握上述整体信息的网络服务提供者应积极地、谨慎地采取有效措施防止信息泄露。任何人未经权利人的允许，都不得扩散和不当利用能够指向特定个人的整体信息。

在司法实践中，审理此类案件面临着诸多问题，其核心问题在于网络用户本身的网络安全责任及网络服务提供者对个人信息负有安全义务，包括应当符合相关国家标准的强制性要求；不得设置恶意程序；安全缺陷和漏洞的告知义务和网络产品服务的安全维护义务。本人从对现行司法判例的梳理来看，在个人与网络服务提供者之间的大多数诉讼中，个人因为无法完成举证责任而败诉较为常见。该类案件中，涉及大量网络信息与相关电子数据的调查，科技性含量高且需要包括网络服务提供者等诉讼利益相关者的配合，个人或者网络内容提供者往往在要求调查取证中遭遇到取证困难，而导致举证责任不能。根据现行民事诉讼法的证据规则，很难证明网络服务者是否尽了相应的义务，因此，越来越多的个人用户（消费者）采取集体诉讼的模式，尽可能地争取支持，维护自身的法律权益。

一　关于网络服务提供者是否履行安全保障义务的举证责任分析

（一）案例引入：法院根据实际情况分配举证责任

国内各地多名消费者投诉，他们在某电商平台网购之后，不法分子利用网站多处漏洞，如个人账户被植入钓鱼网站，然后再冒充平台客服以订单异常等理由为客户退款，实则通过网上银行转账、开通小额贷款等方式套取支付验证码诈骗用户。近期，部分消费者组成的维权团队，向该网购平台提起司法诉讼。大部分受害者在第一时间向公安机关报案，并多次拨打网购平台客服电话要求做出合理解释、进行先行赔付，但都遭到回绝。

其中受害者表示：在被骗后打过客服电话，网购平台方面却强制清洗了个人的账户信息，即将个人账户中被植入的钓鱼网址清除了。原则上个人账户中的可编辑选项权限仅限于用户本人，网购平台没有权限修改用户个人信息。

本案需要证明网购平台未尽到网络安全保护义务，律师因取证困难，向法院提出调查取证申请书，请求法院调取被申请人网络服务器系统安全审计日志，包括安全审计日志中用户活动、异常情况、故障和安全事件的日志，具体包括用户登录信息（用户唯一标识、登录时间和退出时间）、用户信息发布日志（IP 地址及端口号，信息标题或摘要，包括图片摘要）、用户行为（进出群组或频道、修改、删除所发信息、上传下载文件）、被申请人对违法有害信息防范和处置情况（涉及信息管理与技术措施、审核信息记录、7×24h 信息巡查制度、建立涉嫌违法犯罪线索、异常情况报告、安全提示和案件调查配合制度七项）、被申请人审计日志中真实用户 ID、网络地址和协议、被申请审计日志存在防止删除、修改或者覆盖审计日志的证明材料、被申请人系统维护日志。但网购平台拒绝提供。

（二）案例分析——举证责任的分配原则影响审判结果

在相当程度上，可以说举证责任的不同分配直接预设了司法判决中对立双方的诉讼利益结果。上述案例中消费者对自己受钓鱼网站诈骗仅能做到最基本的受损事实主张，对于钓鱼网站以及具体的受骗过程或者说侵害事实以及网购平台系统的安全性保障义务等重要的因果关系事实等，都没有相关的证据加以佐证。而针对个人用户的信息，该网购平台已经清除了可编辑选项的钓鱼网站、用户信息等记录，对于消费者提出的损害事实主张，可进行一种抗辩，即消费者对自身轻易相信或者忽视警示标识而泄露给钓鱼网站验证码、交易信息以及相关认证条件而导致个人被钓鱼网站步步引入陷阱受骗，因而损失由消费者个人承担。在此情况下，对于举证责任的分配如果继续坚持传统证据学原理，“谁主张谁举证”原则，由消费者对网购平台系统存在漏洞以及维护网络安全日志等相关问题负担举证责任，则极可能导致消费者和网购平台之间的法律平衡关系受损，消费者一方则将处于网络信息行业的弱势保护地位，一旦受损，则只能自行承受损失而得不到法律的保护。

虽然根据《最高人民法院关于民事诉讼证据的若干规定》第 7 条：在法律没有具体规定，依本规定及其他司法解释无法确定举证责任时，人民法院可以根据公平原则和诚实信用原则，综合当事人举证能力等因素确定举证责任的承担。但是，从（GA 1277 - 2015）《信息安全技术互联网交互式服务安全保护要求》这一行业规范的要求来说，互联网交互式服务提供者应是一个能够承担法律责任的组织或者个人，应当建立信息安全组织，建设网安警务室，加强人员安全管理，设立访问控制管理制度，明确权限分配，同时应当加强网络与主机的系统安全，如维护网络与主机系统的安全制度，包括实施 7 ×24h 网络入侵行为的预防、检测与响应机制、对系统的脆弱性进行评估，并采取适当措施处理相关风险。根据该行业标准（第 8.4 章节安全审计），交互式网络服务提供者应当进行安全审计，记录用户活动、异常情况、故障和安全事件的日志。第 9.3 章节规定了对违法有害信息防范和处置，都是从交互式网络服务提供者的角度出发，建立相应的管理与技术措施处置制度，包括建立 7 ×24h 信息巡查制度、涉嫌违法犯罪线索、异常情况报告、安全提示和案件调查配合制度等等。

因此在本案中，律师提出的调查取证申请书中的举证申请资料完全属于（GA 1277 - 2015）《信息安全技术互联网交互式服务安全保护要求》中被申请人应当承担的网络责任，法院在分配责任时，将该举证责任交予消费者，在新形势下的网络安全责任中，直接影响了审判结果。

二　网络安全保障义务相关诉讼难点——个人用户举证难

有关案件的证明难度极大，其中涉及大量网络信息与相关电子数据的调查，也包括各个网络经管部门之间的相互配合。迄今为止，立法机关对于网络安全保障义务的规定，也仅限于程序法上规定，即《网络安全法》第22条：网络产品和服务提供者应履行的安全义务。主要包括以下几个方面。(1) 应当符合相关国家标准的强制性要求。(2) 网络产品、服务的提供者不得设置恶意程序。(3) 安全缺陷和漏洞的告知义务：发现其网络产品、服务存在安全缺陷、漏洞等风险时，应当立即采取补救措施，按照规定及时告知用户并向有关主管部门报告。(4) 网络产品服务的安全维护义务：网络产品、服务的提供者应当为其产品、服务持续提供安全维护；在规定或者当事人约定的期限内，不得终止提供安全维护。没有实体法的相应支持，也尚未制定调整上述网购平台案件类似的法律规范或者司法解释，对于解决网络安全案件的举证责任问题，不得不说困难重重。

第一，举证不足，个人主张难以认定。个人证明受害事实可能需要具备一定的技术知识或条件，而作为个人的原告通常不具备。根据《民事诉讼法》对于举证责任的一般规定，在网络安全保障义务诉讼中，事实认定如果按照过错原则"谁主张谁举证"来分配责任的话，则需要个人用户对自己权利被侵害承担举证责任。然而该类案件中被侵害方大多数是普通网民，能够提供的直接证据也很少，基本上能提供的个人材料也就包括个人身份资料、网络服务平台的账户信息、交易记录流水清单以及被钓鱼网站转账记录等一些基础信息，其他证据材料因为缺乏专业的互联网技术，在提供技术证据方面存在先天不足，绝大部分的直接证据如果没有网络服务提供者的配合，根本无法查清事实真相，也很大可能会导致维权无门的情况。

第二，技术地位的弱势导致无法及时获取证据。在消费者使用网络服务提供者提供的推广服务中，如果网络服务提供者本身没有对推广广告等信息进行审慎审查，就很容易使个人误入钓鱼网站或者点击带有恶意信息的网址，在此情形下，个人用户的整体性信息有很大可能会泄露，也可能会被第三方侵害或者利用以盗取钱财。在上述案件中，网购平台在接受用户的投诉后，所采取的措施则不符合网络安全保障义务要求，通过直接清除网络痕迹等行为，强制地修改用户权限，剥夺用户取证的权利，延误了个人用户保全证据的时间，抹除了个人用户获取主要证据的直接途径，个人很难跟踪受损信息的坐标标识。如果后续的调查取证依旧得不到配合支持，个人用户就没有胜诉的可能。这也是导致个人用户与网络服务提供者之间的法律实质地位的不对等的根本原因。

第三，从 2012 年《关于加强网络信息保护的决定》，到 2013 年《消费者权益保护法》，再到 2017 年《网络安全法》，均规定了信息收集要明示收集的目的、方式和范围（义务角度），但并未真正赋予个人权利使个人充分维护自身的权益（权利角度）。也即，个人无法寻求法律依据以要求个人信息收集主体提供其收集、使用和保护与该个人有关的个人信息的情况。因此，个人实质上是无从了解自己个人信息使用和保护的实际情况，更无从谈及举证证明信息泄露。

综上，责任承担的分配正义在司法操作中体现为举证责任的归责原则，承担举证责任的一方在不能证明的情况下，则当然承担败诉风险，对损失承担责任。利益衡量理论是在批判概念法学的基础上兴起的法律适用方法，主张对法律的解释应当综合把握案件的实质，结合社会环境、经济状况、价值观念等，对双方当事人的利益关系做比较衡量，做出案件当事人哪一方应当受保护的判断，然后再从法律条文中寻找根据，以便使结论正当化和合理化。因此，可知在举证责任分配时，应区分个人用户与网络服务提供者的权利与义务。

三　网络服务提供者承担的主要责任

什么是网络服务的主体？对于网络服务提供者，怎样才能对其举证责任能力进行全面的了解？

（一）网络服务主体[①]

网络服务有三种主体：网络内容提供者（ICP）、网络服务提供者（ISP）、

① 邱启杰：《网络服务提供者行为性质与责任的判定》，http://www.gdcourts.gov.cn/web/content/38417－?lmdm=1040，2018 年 8 月 21 日访问。

网络设备提供者（IAP）。网络内容提供者，包括网络个人用户，也涉及服务企业。对网络内容进行选择、编辑、上传，因此其对所提供的内容真实性、合法性负责，如果该内容侵害他人权益，其应当承担相应的民事责任。

网络服务提供者仅提供网络接出、接入、空间存储、搜索引擎等服务，不直接参与网络内容的选择、编辑、上传，没有直接侵权的故意，故法律规定在一定条件下可以免责，即我国《侵权责任法》第36条规定的“避风港原则”，负有“通知+删除”的义务，如果删除不及时，知道侵权事实不予处理，才应当承担相应的民事责任。

网络设备提供者仅提供网络传输、运行的硬件设备，不参与网络内容的选择、编辑、上传，也没有提供类似接入、接出、空间存储的网络服务，法律规定他们不承担赔偿责任。

（二）网络服务提供者的管理义务

网络服务提供者是指通过信息网络向公众提供信息或者为获取网络信息等目的提供服务的机构，包括网络上的一切提供设施、信息和中介、接入等技术服务的个人用户、网络服务商以及非营利组织。互联网信息传输过程可以简单地描述为：信源—信道—信宿。其中，“信源”是信息的发布者，即上传者；“信宿”是信息的接收者，即最终用户；“信道”是信息发布的平台、通道，即网络信息提供者。

不履行法律、行政法规规定的信息网络安全管理义务，是指不履行《中华人民共和国侵权责任法》《关于维护互联网安全的决定》《信息网络传播权保护条例》《网络安全法》等法律法规。对于行为人是否履行了信息网络安全管理义务，可以从以下两个方面判定。①

第一，是否尽到了“一个理性的、谨慎的、具有网络专业知识的网络服务提供商”的合理注意义务。信息网络服务提供者在很大程度上不是直

① 陆欣：《网络服务提供者不履行管理义务罪犯罪构成》，http://blog.sina.com.cn/s/blog_491979b50/02w07f.html，2018年8月20日访问。

接侵权者，没有直接参与到侵犯行为中来，但由于其提供了平台或工具，不可避免需要对避免个人用户信息或财产安全受到侵犯承担一定的注意义务，从这一角度来说，网络服务提供者的注意标准应当高于普通个人。在网络生活中，网络服务提供者（服务平台）提供、控制的信息越多，信息网络安全的风险也就越高，作为风险的制造者，网络服务提供者的注意程度也就应当越高。此外，服务提供者作为组织体，具有比个人更强大的专业技术能力、风险防范能力。

第二，是否尽到包括核查义务在内的安全保障义务。此种情形，应当根据网络服务提供者的服务性质、营销方式、营利模式等方面的区别。

在《网络安全法》实施之前，网络安全保障义务主要见于《侵权法》第 36 条规定：网络用户利用网络服务实施侵权行为的，被侵权人有权通知网络服务提供者采取删除、屏蔽、断开链接等必要措施。网络服务提供者接到通知后未及时采取必要措施的，对损害的扩大部分与该网络用户承担连带责任。网络服务提供者知道网络用户利用其网络服务侵害他人民事权益，未采取必要措施的，与该网络用户承担连带责任。2017 年实行《网络安全法》以来，其第 21 条将现行的网络安全等级保护制度上升为法律，即以法律形式规定国家实行网络安全等级保护制度。网络运营者应当按照网络安全等级保护制度的要求，履行下列安全保护义务，保障网络免受干扰、破坏或者未经授权的访问，防止网络数据泄露或者被窃取、篡改：①制定内部安全管理制度和操作规程，确定网络安全负责人，落实网络安全保护责任；②采取防范计算机病毒和网络攻击、网络侵入等危害网络安全行为的技术措施；③采取监测、记录网络运行状态、网络安全事件的技术措施，并按照规定留存相关的网络日志不少于六个月；④采取数据分类、重要数据备份和加密等措施；⑤法律、行政法规规定的其他义务。第 25 条规定：网络运营者应当制定网络安全事件应急预案，及时处置系统漏洞、计算机病毒、网络攻击、网络侵入等安全风险；在发生危害网络安全的事件时，立即启动应急预案，采取相应的补救措施，并按照规定向有关主管部门报告。

总之，应当结合网络服务提供者提供的具体网络信息，判断其安全保障义务。

四 关于履行网络安全义务案件的举证责任分配规则的完善

（一）举证责任分配规则

从线下交易发展到线上交易，网络并未改变个人用户与网络服务提供者之间的合同权益关系，用户个人仍然具有基本的个人信息保护责任，保护其个人信息的登录密码、注册电话等基础信息，网络服务提供者负有网络安全保障义务以及谨慎审查电子信息的义务。上述消费者起诉网购平台未尽安全保护义务的案件中，个人用户如何被钓鱼网站设陷阱诈骗、钓鱼网站如何进入网购平台的首页以及支付页面是案件审理的难点。由于民事诉讼查明事实的手段有限，案件的一些关键事实根本无法查清，对法院来说只能依据证据优势原则和分配举证责任认定事实，法院查明的法律事实很难说都是接近客观事实的。故确定合理的举证责任分配规则，对于处理个人与网络服务提供者的法律纠纷至关重要。

1. 初步责任遵循“谁主张谁举证”的举证原则

网络安全保障义务方面的诉讼一般来说涉及民事诉讼，也在侵权责任范围内，当事人首先应当按照《民事诉讼法》的“谁主张谁举证”基本举证原则，对自己的主张和抗辩意见提供相应证据予以证明。作为个人用户，起诉时应当按照《民事诉讼法》有关规定，提供受损事实发生的实际状态，以证明自身民事权利受到侵犯；作为网络服务提供者，应提供其网络服务系统符合技术规范，以证明其履行了网络安全保障义务。

2. 网络服务提供者对于网络安全保障义务的证明责任使用“举证责任倒置”原则

在互联网业务中，网络服务提供者控制着大量与个人用户有关的数据信息，这类信息非一般人能获取。基于网络安全业务数据由网络服务提供者和解决个人用户（消费者）维权成本高的考量，有必要对网络安全保障义务以及网络服务提供者系统操作平台的证明问题采取举证责任倒置规则，以缓解个人用户（消费者）的举证难题。

即将实施的《电子商务法》第 31 条规定了电子商务平台经营者应当记录、保存交易信息，并确保信息的完整性、保密性、可用性。同时第 62 条规定，在处理电子商务争议中，若电子商务经营者未提供在原始合同和交易记录或因电子商务经营者丢失、伪造、篡改、销毁、隐匿或者拒绝提供前述资料，致使人民法院、仲裁机构或者有关机关无法查明事实的，电子商务经营者应当承担相应的法律责任。这一规定可以作为网络服务提供者履行网络安全保障义务举证责任的借鉴。

另外，2017 年北京市第一中级人民法院庞理鹏与北京趣拿信息技术有限公司等隐私权纠纷二审民事判决（〔2017〕京 01 民终 509 号）认为："从收集证据的资金、技术等成本上看，作为普通人的庞理鹏根本不具备对东航、趣拿公司内部数据信息管理是否存在漏洞等情况进行举证证明的能力。因此，客观上，法律不能也不应要求庞理鹏确凿地证明必定是东航或趣拿公司泄露了其隐私信息"。（释 2）这一判决没有遵循一般民事案件当中"谁主张，谁举证"的基本举证责任分配原则。

（1）举证责任倒置的必要性

网络服务提供者提供网络安全服务，比如网购平台提供的网上交易服务，涉及利用互联网技术和信息通信技术实现资金融通、支付等新型业务模式。在诉讼中，基于公平原则的考虑，法官在分配举证责任时，应当是占据优势地位的一方承担举证责任，即占有或者接近证据材料且有条件并有能力收集证据的一方当事人。[①] 电子证据具有高科技性、易损性、隐蔽性等特征，完整、真实和不可否认的传输交易数据具有证据的证明力。司法

① 李国光主编《最高人民法院〈关于民事诉讼证据的若干规定〉的理解与适用》，法律出版社，2002，第 102 页。

实践中需要解决电子证据的收集、固定和确定其内容保持原有状态的问题。对于证据收集渠道，需要根据电子数据的传输痕迹，由数据交换接收系统的系统管理方提供；在证据固定方面，需要通过一定的形式如公证或专业机构认证，实现电子证据向“有纸化”的转化。作为消费者的个人用户，受客观因素和举证能力影响，往往难以收集、固定这类证据。因此，有必要对该类案件的某些环节采取举证责任倒置。

（2）举证责任倒置的可行性

随着大数据技术的运用和信息化建设的推进，各系统各部门逐步实现资源共享，从举证能力的角度考虑，网络服务提供者本身就是一个大型的数据处理平台，依靠其独有的数据系统以方便收集用户信息，进行实时分析，了解个人用户的消费习惯，掌握用户账户的规律，有利于及时发现异常业务并预警，因此，网络用户提供者在承担举证责任的问题上比个人或者消费者更有优势。

第一，个人用户“消极行为不举证”权利要求实现举证责任倒置。根据证据学原理和基本生活常识，“消极行为不举证”是维护民众权利和社会稳定预期的重要原则。具体到司法过程，法官只能要求主张事实发生或者存在的当事人承担举证责任；而不能要求主张事实不存在或者没有发生的当事人负举证责任。在上述消费者起诉网购平台未尽安保义务的案件诉讼中，在证明个人用户存在过错上，应当由网络服务提供者举证，不能让个人用户对第三方对自己的侵权的行为举证，即不能要求举证第三方钓鱼网站如何利用网购平台存在的安全系统漏洞，也不能要求举证自身被索取或引导输入网站密码、验证码等个人隐私信息属于自身原因造成的个人信息泄露。因为不能强求任何人对没有做过的事情举证，事实上这在技术上也是难以操作的。让个人用户证明自己没有泄露信息，事实上已经在法律上预判了个人用户（消费者）的败诉，是非常不合理的。这样分配举证责任虽然在客观上加大了网络用户提供者的举证难度，但还是可以实现的，而且从维护弱势群体的利益，维系社会总体的公正度上也是不违背法理基本精神的。

第二，网络服务提供者就自己无过错责任负举证责任的应然性论证要求实现举证责任倒置。一方面，网络服务提供者控制网上业务的信息资料。网上业务的数字信息都在网络服务提供者的网络系统中，由网络平台控制掌握，个人用户很难调取，而网络服务提供者对于网络业务等信息资料的保全和调取相对容易，举证成本低。另一方面，网络平台的高度技术性使得个人用户举证不能。网络服务提供者作为一个提供业务的平台，为了个人用户的流量，往往采用自身的创新性和技术性的系统完善网络服务，以保证个人用户的信任流量。这些高科技技术对于个人用户来说，属于知识上的空白，也造成了双方信息不对称，个人用户注册登录享受网络服务提供者的相关服务，是基于对网络服务提供者自身网络安全保障义务的信赖。个人用户信息管理与网络安全保障技术等归属于网络服务提供者，在双方法律争议时，对于网络服务信息资料的举证，个人用户只能出示活动记录的痕迹信息，其他信息资料处于举证不能状态，这方面的事项由网络服务提供者负责举证更现实。

第三，网络安全行业标准要求网络服务提供者完善网络保障安全义务。安全保护义务包括：制定内部安全管理制度和操作规程，确定网络安全负责人，落实网络安全保护责任；采取防范计算机病毒和网络攻击、网络侵入等危害网络安全行为的技术措施；采取监测、记录网络运行状态、网络安全事件的技术措施，并按照规定留存相关的网络日志不少于六个月；采取数据分类、重要数据备份和加密等措施以及法律、行政法规规定的其他义务。《信息安全技术互联网交互式服务安全保护要求》行业标准对网络服务提供者来说，规定了一个具体操作网络服务平台的系统安全要求，是在一定范围内需要网络服务提供者共同遵守的基本要求。而这些要求则不是个人用户能够完全掌握或者了解的，个人用户出于对网络服务平台的信任而给予其掌握个人信息的权利，并不意味着就放弃了个人信息使用的权利，网络服务提供者应当在保护个人信息、维护网络平台系统安全方面采取更多措施保障安全，这方面的举证责任应当由网络服务提供者承担。

第四，法律保障开始逐步维护个人用户的举证权利。2018 年 7 月，广州市南沙区人民法院正式公布在全省率先出台的《互联网电子数据证据举证、认证规程》（以下简称《规程》）。《规桯》不拘泥于电子证据易篡改的技术问题，相反利用了电子证据可复制的特点，提出了解决方案，即“当事人出示了电子证据原件，对方认可用户身份，但认为所展示的内容不真实或存在删减、篡改的，应当提供本方持有的电子证据原件作为相反证据，否则可以对原电子证据予以采信”。这一规定突破了以往只要求电子证据提供方首先自证证据真实的固有思维，将举证责任在一定条件下转移给对方，合理分配举证责任，扩展了电子证据的适用范围。《全国人民代表大会常务委员会关于加强网络信息保护的决定》第 4 条规定：网络服务提供者和其他企业事业单位应当采取技术措施和其他必要措施，确保信息安全，防止在业务活动中收集的公民个人电子信息泄露、毁损、丢失。在发生或者可能发生信息泄露、毁损、丢失的情况时，应当立即采取补救措施。这类责任的归属，根据有关法规条款的要求，应当由网络服务提供者承担相应的举证责任。

五　结论

结合上述消费者起诉网购平台未尽安保义务的诉讼案例，个人用户账户信息的收集归属于网络服务提供者的管理权利，应当保障分属于个人用户账户的数据安全，网络服务提供者掌握信息资料和技术，在两者的服务关系中处于绝对优势地位，有防范风险的能力，而个人用户不能对未做过的行为举证，因此由网络服务提供者负担举证责任为宜。在网络信息泄露屡禁不绝的今天，在个人用户和网络服务提供者都缺乏证据举证过错时，鉴于当事人双方信息、技术等地位的不平等，应由追求盈利的网络服务提供者配置其主要的举证责任，旨在将网络服务规制于现行法律框架之下，同时也使处于优势地位的网络服务提供者承担相对较多的责任，以保护处于弱势地位一方的广大用户消费者的利益。

在互联网业务迅速发展的今天，与网络安全保障义务相关的案件也在逐步增多，在这些案件中，证据的来源和收集具有多样性和复杂性，当事人充分举证对查明案件事实起着关键作用。虽然从案件类型看，因网络服务提供者未尽安全义务而造成权益受损的案件属于一般民事纠纷案件，举证规则仍在民事诉讼证据制度的框架内运行，但网络服务的模式不同于传统的合作模式，在分析民事诉讼的举证责任时，应当强化网络服务提供者的举证责任。这类案件给了社会一定的启示预警。

（一）强化个人用户的安全注意义务

举证责任倒置加大了对个人用户的保护力度，但并不意味着个人就放弃了自身用户信息的权利。个人对于用户信息的保护依旧处于必要的保护地位。应当加强个人信息保护意识，加大对网络服务提供者网络安全系统的认识，当发现网络服务提供者存在网络漏洞时，应当采取措施告知相应的网络服务提供者，以更好地在自身能力范围内保护自身的权益安全；应当提高安全防范意识，注意合理使用网络系统，严格保管个人信息和认证密码等，尽到最大的安全注意义务。

（二）改进技术，增强网络服务提供者的安全保障措施

根据《互联网安全保护技术措施规定》第 7 条规定，互联网服务提供者和互联网使用单位应当落实以下互联网安全保护技术措施：防范计算机病毒、网络入侵和攻击破坏等危害网络安全事项或者行为的技术措施；重要数据库和系统主要设备的冗灾备份措施；记录并留存用户登录和退出时间、主叫号码、账号、互联网地址或域名、系统维护日志的技术措施；法律、法规和规章规定应当落实的其他安全保护技术措施。网络服务提供者应开发多重技术保护的新途径，如与生物信息技术、短信回执技术等的结合。任何一种新的技术产品都是“双刃剑”，在享受网络服务带来便利的同时，对于其相伴而生的高度风险也要加大警示。网络服务提供者作为盈利一方，在享受利益的同时，最应关注的是不断预见风险，提高技术防范措施，保障交易安全，减少诉累，增强广大个人用户（消费者）对平台的信

任，而获取个人用户信任流量，以产生实际的利益价值。

（三）加大对网络个人用户（消费者）的民事保护力度

《网络安全保护法》《消费者保护法》《侵权责任法》等方面都有对个人用户信息受到侵犯的规定与保护，但是真正规定消费者权利、具有可诉性和可操作性的民事规则在具体条文中却十分少见，这使得保护消费者权益往往成为法律保护的空白，也使得不法分子利用法律漏洞侵犯个人权益。网络信息提供者与个人用户在信息上严重不对称，也使得个人用户在主张权利救济时面临举证难和败诉风险，因此应当简化、减轻消费者举证责任。

青年论坛

《网络法学研究》2018 年卷
第 195 ~207 页

衍生数据权的权属与保护方式研究*

张军强**

摘　要：对底层数据进行匿名化和脱敏处理，将底层数据中包含个人身份信息的部分进行切割，形成衍生数据。因衍生数据不包含个人身份信息，因此属于财产权。基于降低交易成本、激励数据产业发展，衍生数据权归属于数据控制者。衍生数据权主要包括对衍生数据的占有、使用、收益、处分等权利。数据主体的“知情同意”才能构成数据控制者收集、挖掘数据的前提。大数据的起步阶段，应采用多层次保护的方式保护衍生数据：构成数据库的，以著作权的方式进行保护；影响数据控制者流量的，以不正当竞争的方式进行保护；如果形成衍生数据且不具有独创性的，应以一般财产权的方式进行保护。

关键词：衍生数据　个人身份信息　数据库　多层次保护模式

一　问题的提出

进入互联网时代，数据已经变成一种新的生产要素，其中蕴含的财产性价值也越来越大，甚至已经成为一种国际竞争中的战略性资源。随着我

* 本文系最高人民法院 2017 年度司法案例研究课题“互联网新型不正当竞争法律规制案例研究”阶段性成果；本文受 2017 年中国政法大学博士创新实践项目“互联网新型不正当竞争法律规制案例研究”资助（项目编号 2017BSCX13）。

** 张军强，中国政法大学知识产权法博士研究生，天津市高级人民法院法官助理。

国“互联网+”计划的开展，信息产业、数据产业在我国蓬勃发展，已经变成一种新的经济形态。但大数据产业的发展却面临着法律规定不完善、数据权体系架构缺失等问题。全面、完整、相关的数据来源是进行大数据分析的前提，是发展大数据产业的基础，而数据权利的界定与明确则是数据获取、交易制度的核心。[①] 目前学界关注的焦点均为如何克服网络人肉搜索、个人信息裸奔、身份信息窃取、隐私暴露等问题，将研究中心置于个人数据权的加强保护，但研究衍生数据成果较少。从激励数据产业发展的角度，如何保护好数据控制者的权利，平衡数据控制者与数据主体之间的利益，成为构建数据权体系中的一项重要制度。

完善衍生数据权保护，需要处理好两方面的冲突，一是数据中隐私权与衍生数据权之间的冲突，二是数据企业之间对衍生数据权之间的侵害。通过统计和梳理近几年与数据权相关的司法案例，可以发现涉及数据权的案件主要有以下几种类型：（1）个人诉数据控制者侵犯隐私或要求删除数据；[②]（2）因数据企业（精准广告投放公司）之间的人才跳槽引发的不正当竞争诉讼；[③]（3）因数据控制者形成的衍生数据构成了汇编作品引发的著作权纠纷；[④]（4）数据企业之间因直接挖取数据引发的纠纷；[⑤]（5）未经许

① 武长海、常铮：《论我国数据权法律制度的构建与完善》，载《河北法学》2018年第2期。

② 北京市第二中级人民法院〔2016〕京02民终852号民事裁定，此案是王刃诉北京奇虎科技有限公司侵犯其隐私权。

③ 北京知识产权法院〔2015〕京知民终字第00318号民事判决书，此案涉及的大数据是通过客户数据的无采样的分析，通过分析还原出客户的基本情况，还原之后对客户有针对性地投放广告，原告因其技术人员跳槽引发不正当竞争纠纷。

④ 广东省佛山市中级人民法院〔2016〕粤06民终9055号民事判决书，该案中，原告白兔公司对商标总局每一期《商标公告》里面的每条公告信息，进行拆分和人工识别，按照商标公告期号、变动公告期号、商标注册号、商标中文、商标英文、商标拼音、商标字头、商标数字、申请日期、注册日期、申请人、申请人地址、代理机构等48个项目顺序，人工编排、录入，形成了一种方便查询，具有独创性的数据库。

⑤ 广东省深圳市中级人民法院〔2017〕粤03民初822号民事判决书，此案涉及非法获取公交车实时数据；北京知识产权法院〔2016〕京73民终588号民事判决书，此案为新浪微博诉脉脉网案；上海知识产权法院〔2016〕沪73民终242号民事判决书，此案为大众点评网诉百度地图案。

可出售衍生数据形成的侵权纠纷。[①] 这几类纠纷充分体现了这样的趋势：衍生数据因包含了较高的流量价值和财产性价值日益引起数据企业之间的激烈争夺，其中出现许多破坏数据秩序的不当行为。

这些案件具有以下特点：原告及数据控制者多依赖其数据带来的流量资源、网络效应、用户黏性、财产性价值进行营利；被告通过获取、抓取、复制等方式破坏了数据控制者对数据的“控制”；被告多以该数据并不属于数据控制者，而属于产生数据的个人为由进行抗辩；在权利意识上，被告认为其获取数据控制者数据并不具有不正当性和可责性，认为这种行为符合网络空间中的秩序。因此对衍生数据进行保护是否具有正当性，衍生数据的权利应归属于数据主体还是数据控制者，衍生数据应该采用何种保护模式等实践问题，急需理论层面的回应。

二　数据的分类

要探讨衍生数据权，首先应当明确衍生数据的概念，这需从数据的分类入手进行研究。国内关于数据权的研究方兴未艾，有观点将数据分为个人数据、企业数据、政府数据，[②] 这是以数据产生的主体为视角进行划分。有观点从数据的性形成与形态出发，将数据分为底层数据、匿名化数据、衍生数据，[③] 这一分类视角虽然较为微观，但是匿名化数据与衍生数据均是对原始数据或者底层数据的处理，两者的处理结果存在交叉重叠，分类标准缺乏一定的科学性。

数据主体是指产生数据的各种主体，政府、企业、个人均可成为主体，但在网络空间中留下痕迹和记录的个人往往是最容易被忽视的。个人是数据的来源，因此数据权、衍生数据权都以数据主体为核心进行展开。而数

① 杭州铁路运输法院〔2017〕浙 8601 民初 4034 号民事判决书。

② 参见石丹《大数据时代数据权属及其保护路径研究》，载《西安交通大学学报》（社会科学版）2018 年第 3 期。

③ 武长海、常铮：《论我国数据权法律制度的构建与完善》，载《河北法学》2018 年第 2 期。

据的收集、储存、提取、清洗、分析、挖掘者则被视为数据控制者，数据控制者是衍生数据的关键性主体。衍生数据的搜集、提取、挖掘必须以不侵犯数据主体的个人隐私为前提，只有进行过脱敏处理的衍生数据才可以脱离数据主体的控制。基于此本文将数据分为两大类，底层数据和衍生数据。

（一）底层数据

底层数据是指未经过任何技术处理的数据，仅仅是数据主体的基本痕迹、记录和数据集。以底层数据是否包含数据主体的身份信息为依据，可以将底层数据分为身份信息数据和无身份信息数据。

身份信息数据，是指包含强烈数据主体身份信息、隐私信息的数据，如身份数据（姓名、性别、身份证号、手机号、家庭住址等信息等）、私密信息（开房记录、情感信息、婚姻信息、性取向、政治倾向等）、生理数据（传染病史、患病史、个人生物识别信息等）、行为数据（浏览记录、购物记录、搜索记录）。这些数据中包含了数据主体强烈的隐私性，是个体在网络空间中私生活不被打扰、私密信息不被公开的重要保障。

无身份信息数据，是指该底层数据与个人身份信息无关，是基于物联网产生或者基于其他平台产生与人关联性不强的数据。物联网是通过射频识别、传感器、全球定位系统、激光扫描器等信息传感设备，按照约定的协议，把任何物体与互联网连接起来，进行信息交换和通信的一种网络。[①] 当然物联网也会产生人与物的联系，但这里所产生和积累的数据与人的身份信息无相关性，比如，公交车实时运行数据、地铁运行数据。还有部分数据，是以特定的非人化客体为对象进行排版的数据库集，如论文集、专利数据库、裁判文书数据库等。

（二）衍生数据

衍生数据是指，经过数据清洗、提取、挖掘之后形成的数据和数据集。

① 黄玉兰：《物联网射频识别（RFID）核心技术详解》，人民邮电出版社，2012，第2页。

如果底层数据是数据的一级市场，那么衍生数据就可以比作数据的二级市场。这些数据往往基于数据主体在网络活动、线下活动中的具体行为而产生的行为数据。这些行为数据主要包括浏览记录、购物记录、搜索记录、聊天记录、驾驶记录、打车记录、客服记录、用户评价记录、购房信息。这些数据虽然不直接包含身份信息，但是这些数据包含了个体的行为模式、习惯偏好。通过对这些非结构化数据的大数据分析，可以挖掘出个体的部分身份信息。如打车记录可以识别家庭和单位住址，浏览记录、购物记录、搜索记录可以识别个人消费喜好和生活喜好，进而对其进行精准广告投放，地图记录可以通过对一个人的跟踪，实现对其生活信息的掌控。衍生数据根据创造性程度又可以分为浅层衍生数据和深层衍生数据。

浅层衍生数据是指基于对个体行为数据的集合，和初步分析，并利用个体的部分身份信息做出一定的趋势预测。比如，通过这些数据的统计和分析，实现对客户群体的细分，进而实现目标群体的精准定位；通过对不同职业、年龄的划分，实现对市场需求和流行趋势的预测，提供决策参考信息。浅层衍生数据虽然也进行了匿名化处理，但是仍然无法完全切断经过清洗后的数据与个人身份信息之间的联系。

深层衍生数据，是指通过海量、彻底的大数据分析、挖掘、清洗技术实现的具有较强创新性、较强相关性的数据或技术。深层衍生数据完全切断了挖掘之后的数据与个人身份信息之间的联系。如人工智能技术，通过对大数据的挖掘，找到了部分事物的规律，实现对人类思维、深度学习能力的模仿。比如智能驾驶技术，通过对海量人类驾驶技术的分析，模拟人的开车习惯。这些数据属于深层衍生数据，此类数据需要付出巨大的研发成本，具有较高的经济价值。

数据的分类将对衍生数据权的保护产生重要影响。

三　保护衍生数据权的正当性

在数据可以无限量的储存、方便获取、极易挖掘的情况下，如果不确立数据主体地位，个人的信息将处于裸奔状态，信息泄露成为每个人随时的隐忧。[①] 而且互联网时代大部分有价值的数据都是人产生的，都是人的行为数据。因为数据挖掘的终极目的仍是服务人。一方面，因为数据主体是数据具体生产者，另一方面，基于对个人身份信息的保护，学术界较为统一的观点为将底层数据的数据权赋予数据主体。除公共数据以外的原始数据权都兼具人格权和财产权，属于数据生产者。[②] 公民对产生于自身的数据信息享有占有、使用、收益和处分的权利。[③] 底层数据的归属和保护必要性比较明确。围绕底层数据构建了一套完整的数据同意权、数据获取权、数据知悉权、数据修改权、数据封锁权、数据遗忘权、数据可携权、数据报酬请求权等,[④] 这些权利可以实现数据主体对自身数据的控制。

那么针对这些底层数据又施加了收集、分析、挖掘、清洗行为而产生的数据是否应当保护？首先，数据是一种财产权，从市场实践看，个人数据的商品化充分说明了其具有财产性质。这种财产性不仅体现为个人数据具有使用价值，更体现在其转让价值得到了市场的认可。[⑤] 衍生数据具有更大的经济价值和更强的财产权属性，更应当得到保护。这是因为数据的稀缺性理论，在数据时代，数据不仅仅是单一的行为痕迹和活动记录，具有较高的商业价值。相比依赖于小数据和精确性的时代，大数据因为更强调数据的完整性和混杂性，帮助我们进一步接近事实的真相。[⑥] 单个数据没有价值，但是大数据分析中包含了大量相关关系和深层规律，而这些大数据分析结果的取得又需要付出巨大的成本。因此，在大数据时代，数据具有了价值性和稀缺性。特别是衍生数据，包含了大量的相关关系、发展趋势

---

① 参见刘建刚《数据权的证成》，载《北京政法职业学院学报》2016 年第 4 期。

② 王渊、黄道丽、杨松儒：《数据权的权利性质及其归属研究》，载《科学管理研究》2017 年第 5 期。

③ 吕廷君：《数据权体系及其法治意义》，载《中共中央党校学报》2017 年第 5 期。

④ 参见刘建刚《数据权的证成》，载《北京政法职业学院学报》2016 年第 4 期。

⑤ 王融：《关于大数据交易核心法律问题——数据所有权的探讨及建议》，载《大数据》2015 年第 2 期。

⑥ 〔英〕维克托·迈尔—舍恩伯格、肯尼思·库克耶：《大数据时代》，盛杨燕、周涛译，浙江人民出版社，2013，第 65 页。

和深层规律，具有更强的稀缺性。衍生数据的获取需要数据收集、算法搭建、算力投入等成本。衍生数据来之不易，使得衍生数据的稀缺性成为其财产化的重要基础。

衍生数据应当得到保护的另一理论为提纯与切割理论。在数据法律体系的架构中，保护个人的身份信息是首位的，因此衍生数据权的保护不能与个人身份信息的保护发生冲突。而衍生数据就是对底层数据的提纯，提纯的过程类似于著作权法领域中从思想领域提取出表达。提纯的过程是数据加工者、数据控制者付出了大量劳动的过程，因此，应当获得保护。而且，提纯的过程也是对数据进行匿名化和脱敏处理的过程，经过脱敏处理之后，将底层数据中包含个人身份信息的部分进行切割，斩断了衍生数据与个人身份信息之间的联系。衍生数据权的提纯与切割理论，实现了衍生数据所有者与个人数据所有者之间的分离，以及衍生数据权与隐私权、个人信息权之间的平衡。此时，衍生数据获得保护具有正当性。因此，并不是所有的数据都可以成为衍生数据，只有不涉及个人身份信息的数据、可以进行脱敏或匿名化处理的数据、不能进行反脱敏处理的数据可以成为衍生数据。

如果说个人隐私权、个人身份信息保护是连接底层数据与个人之间的桥梁，那么数据挖掘技术就是对这个桥梁的斩断。因此衍生数据只能是基于对不特定多数人的信息识别和宏观规律层面的识别，不能是针对具体个人的识别。

四　衍生数据权的归属

关于衍生数据权的归属，一直以来都是数据权体系架构中的重要分歧。一种观点认为数据主体（即产生数据的本人）应拥有优先的权利，法律有必要承认用户个人对数据的财产权利。[①] 另一种观点认为“任何运行在云计

① 王融：《关于大数据交易核心法律问题——数据所有权的探讨及建议》，《大数据》2015 年第 2 期。

算平台上的开发者、公司、政府、社会机构的数据，所有权绝对属于客户，客户可以自由安全地使用、分享、交换、转移、删除这些数据”。[①] 这种冲突在司法实践中表现得更为明显，在大众点评诉百度地图案中，百度地图复制了大众点评网站上用户的评论信息，大众点评网进行诉讼时，百度地图就抗辩这些数据的所有者为用户而非大众点评网。

底层数据虽然属于数据主体，但是衍生数据应当归属于数据加工、挖掘、清理者。第一，数据控制者亦参与了数据的产生，数据控制者提供了数据收集和留痕平台，比如搭建了购物网站平台，数据主体才能在该平台上浏览购物产生数据。数据控制者和数据主体共同参与数据的生产过程。第二，单个的数据价值不大，只有整体性地进行加工才能产生较大的价值。面对海量数据时，原生数据可以直观获取的价值有限，数据价值依赖于在原生数据基础上分析挖掘后从数据的相关性中获取价值，使得为数据载体付出劳动的主体的权利更加被重视。[②] 第三，将数据权赋予个人，将会使得个人对衍生数据产生极大的制约和限制，甚至彻底封堵衍生数据的生存空间。将衍生数据的归属赋予数据控制者，可以有效减低交易成本。企业相较于个人对于匿名化数据具有明显交易成本优势。[③] 如果忽视了数据控制者（即收集及利用数据的主体）在数据利用过程中的权利，意味着在每次获取个人数据时，服务提供商均需要与每位用户进行议价，从而产生较大的交易成本。[④] 第四，从激励理论出发，行为数据是散乱化出现的，如果要收集和清洗、挖掘这些数据需要投入大量的人力物力。如果数据控制者仍不能享有衍生数据权，则数据产业将一片死寂。而且，个人没有能力进行大数据处理，唯有体量较大的数据企业可以实现数据收集、清洗、挖掘。为了激励数据企业，应当赋予其衍生数据权。

---

① 阿里巴巴网络技术有限公司：《数据保护倡议书》。

② 彭云：《大数据环境下数据确权问题研究》，载《现代电信科技》2016 年第 5 期。

③ 石丹：《大数据时代数据权属及其保护路径研究》，载《西安交通大学学报》（社会科学版）2018 年第 3 期。

④ 参见王忠《大数据时代个人数据交易许可机制研究》，载《理论月刊》2015 年第 6 期。

除此之外，有学者从无形资产的角度，论述了大数据专营公司以大数据的采集、处理和交易为主要业务，企业的大数据是其经营的产品，数据财产权是这类企业的重要资产。[①] 这也从战略资源角度认可了衍生数据的重要性，衍生数据不仅是企业的无形资产，更是一个国家的战略性资源。

衍生数据权主要包括对衍生数据的占有、使用、收益、处分等权利。但是绝大多数的衍生数据均脱胎于底层数据，因此应当平衡好数据控制者与数据主体之前的利益。数据产业呼唤新的社会新秩序，尤其是数据主体、数据控制者（处理者）和政府等各方参与者的利益平衡机制亟待构建。[②]

五　衍生数据的保护模式

衍生数据应当进行保护，应如何进行保护？有观点认为，如果对数据的处理形成了具有独创性的数据库数据集，应当以著作权方式进行保护；尚未达到独创性但可以构成数据集的，则以邻接权的方式进行保；若尚未达到数据集的要求，则以一般财产权的方式进行保护。[③] 这种立体保护模式是可以满足保护的多层次性，但是实践中的衍生数据形式灵活多样，单纯的学理性架构未必能够完全适应。因此应当从司法实践中的案例总结。

（一）构成汇编作品——济南白兔诉鼎容公司著作权纠纷案

该案中，白兔公司对商标总局每一期《商标公告》里面的每条公告信息，进行拆分和人工识别，按照商标公告期号、变动公告期号、商标注册号、商标中文、商标拼音、商标字头、申请日期、申请人、代理机构等48个项目顺序，人工编排、录入。使用者通过软件可以按照“注册号、注册

① 吕廷君：《数据权体系及其法治意义》，载《中共中央党校学报》2017年第5期。

② 肖冬梅、文禹衡：《数据权谱系论纲》，载《湘潭大学学报》（哲学社会科学版）2015年第6期。

③ 王渊、黄道丽、杨松儒：《数据权的权利性质及其归属研究》，载《科学管理研究》2017年第5期。

人、注册地址、使用商品、代理组织、驰名商标等”的分类方式或者“待审中、已初审、已注册、已驳回、已销户、在结果中搜索”这种分类进行查询，因此法院认定白兔公司开发的数据库中对商标信息的编排方式、分类方式具有一定的独创性，构成了商标信息数据库。而通过鼎容公司的微信公众号中的“鼎容商标查询”，进行抽样查询，在查询结果界面出现了白兔公司加注的“白兔”或“白兔公司员工姓名”等暗记。最终，原审法院认定鼎容公司复制了白兔公司享有著作权的数据库。

通过本案，可以总结以下几点：首先，数据的整理、分类、检索的排列可以产生独创性，即便该数据库中的内容均是公开的；其次，如果衍生数据具有独创性，可以以数据库的方式对其进行保护；最后，本案中的数据属于无身份信息数据，这种底层数据不涉及个人身份信息的保护，这种衍生数据属于浅层衍生数据。可见，无身份信息数据的保护门槛较低，并不要求进行数据挖掘、加工和提炼。

（二）基于不正当竞争的保护——大众点评诉百度地图案、新浪微博诉脉脉案、公交实时数据案

1. 大众点评诉百度地图案

用户在百度地图和百度知道中搜索某一餐饮类商户时，所展示的用户评论信息大量来自大众点评网，这些信息均全文显示且主要位于用户评论信息的前列，并附有“来自大众点评”的跳转链接。大众点评诉称百度地图及百度知道大量复制用户点评信息的行为，构成不正当竞争。一审法院认定即便大众点评与百度属于不同领域的网络服务商，但仍具有竞争关系，百度复制用户点评内容的行为构成了对大众点评的实质替代，因此构成不正当竞争。二审法院，在维持原判的基础上，认定了大众点评网上用户评论信息是经营者付出大量资源获取的，具有很高的经济价值，属于劳动成果。

通过本案，可以总结以下几点。首先，用户点评信息即便不构成汇编作品，亦具有较高的经济价值，只有获取市场优势的网站才能搜集和存储更多的用户点评数据。这样的数据虽然属于底层数据，但是仍然具有较高

的经济价值。其次，大众点评虽然没有形成衍生数据，但是对这些底层数据的直接抓取和复制，会导致流量的减少，因此构成不正当竞争。最后，在点评数据归属方面，大众点评网的授权条款为：用户通过访问和使用本网站，即表示接受并同意本协议的所有条件和条款。其中就有用户将任何形式的信息的著作财产权、诉权、赔偿权无偿独家转让给大众点评网运营商。这种授权条款的法律效力，应当引发我们的思考，因为用户只能选择接受或者不接受离开网站，数据主体和数据控制者之间的法律地位并不平等。

2. 新浪微博诉脉脉案

该案中，脉脉软件非法抓取、使用新浪微博用户信息，用户信息包括头像、名称、职业信息、教育信息、用户自定义标签及用户发布的微博内容。除此之外，脉脉软件还非法获取并使用脉脉注册用户手机通讯录联系人与新浪微博用户的对应关系。本案中，法院认为新浪微博上的用户信息数据具有较高经济价值，是投入大量的成本获取的，非法抓取这些信息就变相降低了新浪微博的竞争优势，同时还会降低新浪微博用户的网络效应，因此构成不正当竞争。

通过本案，可以总结以下几点：第一，虽然本案中的用户信息属于底层数据，并未形成衍生数据，但仍是数据控制者付出较高成本取得的；第二，法院明确了他人使用数据控制者的数据时应该遵循三重授权原则——首先应经过用户的授权，其次应经过数据控制者授权，最后调取和使用这些用户数据时应当经过用户的再次授权。

3. 公交实时数据案

武汉元光科技有限公司利用网络爬虫软件获取原告“酷米客”的实时公交 App 服务器内的公交车行驶信息、到站时间等实时数据。被原告起诉构成不正当竞争。法院认为公交车作为公共交通工具，其实时运行路线、运行时间等信息虽系客观事实，但当此类信息经过人工收集、分析、编辑、整合并配合 GPS 精确定位，作为公交信息查询软件的后台数据后，其凭借预报的准确度和精确性就可以使权利人的 App 软件相较于其他提供实时公交信息查询服务同类软件取得竞争上的优势。存储于权利人 App 后台服务器的公交实时类信息数据，因具有实用性并能够为权利人带来现实或潜在、当下或将来的经济利益，已经具备无形财产的属性，属于应当受反不正当竞争法保护的法益。被告的行为构成不正当竞争行为。

通过本案，可以总结以下几点：首先，本案法院认定公交实时数据经过较高成本收集，具有无形财产的属性，法院虽未明确该财产为数据权，但其肯定了实时数据的重大价值；其次，法院认为获取公交实时信息，降低了用户黏性，构成不正当竞争。

（三）一般财产权保护——阿里巴巴生意参谋案

原告淘宝公司开发、运营的涉案数据产品“生意参谋”，是在收集网络用户浏览、搜索、收藏、交易等行为痕迹底层数据基础上，以特定的算法深度分析过滤、提炼整合并经匿名化脱敏处理后形成的预测型、指数型、统计型等衍生数据，其呈现方式是趋势图、排行榜、占比图等，主要功能是为淘宝、天猫商家的网店运营提供系统的数据化参考服务，帮助商家提高经营水平。被告美景公司运营的“咕咕互助平台”及“咕咕生意参谋众筹”网站，订购一份“生意参谋”，在其网站上多次转售。最终法院认定美景公司的被诉行为构成不正当竞争。

通过本案，可以总结以下几点：首先，本案虽然是以不正当竞争进行起诉，但本文认为本案侵权的对象是衍生数据，虽然影响了阿里巴巴“生意参谋”的销售量，但本质上并没有影响阿里巴巴的流量，因此应该符合一般侵权，且属于侵害财产权；其次，本案中阿里巴巴对用户行为信息的搜集和数据挖掘经过了用户的授权；再次，本案中“生意参谋”产品是对用户信息的脱敏和匿名化处理之后取得的衍生数据；最后，本案首次明确衍生数据具有财产权，并归属于数据控制者。

六　结语

当前，衍生数据尚处于起步阶段，对此类数据的保护仍应坚持多层次保护的方式，构成数据库的，以著作权的方式进行保护；影响数据控制者流量的，以不正当竞争的方式进行保护；如果形成衍生数据且不具有独创性的，应以一般财产权的方式进行保护。特别是在大数据的起步阶段，数据的收集本身就含有较高的经济价值，即便不构成衍生数据，随意抓取、复制数据应构成不正当竞争。如何避免个人信息裸奔与解开个人信息对数据产业的发展羁绊，已经成为数据权保护中的一个跷跷板，如何平衡好两者，建立科学合理的数据伦理和数据秩序，仍需要持续不断地深入探讨，从脱敏技术和深度挖掘技术入手，或许是一条可行的研究路径。

《网络法学研究》2018 年卷
第 208 ~ 224 页

网络环境里的司法证明困境

袁纪辉*

摘　要： 网络技术加速了社会分工进程，使得社会活动组成环节众多，使得所形成的信息链“链条冗长”；组成环节变得分化发达，导致所形成证据链“节点多”；同时信息的多方面全流程记录，也使得信息体量增大，导致证据链“链条粗且杂质多”，在司法证明中产生了极高的鉴真成本。同时，社会活动的模式创新，使得在鉴真工作之后还面临“节点复杂”的问题，将其“解开剖析”成本高昂，增加了司法证明的难度。面对这种情形，区块链技术能客观上提升司法证明的效率，使得司法证明的难度逐渐回归到传统物理世界场景的水平。在面对“节点复杂”之类司法证明理念上的困境时，进行“诉讼可视化”演示、“结构—功能”说明和“成本—效益”分析进行法庭说服是司法证明的重要手段。

关键词： 电子证据　司法证明　证据推理　区块链　电子存证

如果土壤的成分、质地、湿度改变了，那么土地的外貌就会随着自然变迁成为另外一幅样貌，在其之上生活的人类形成的规则自然也会因此发生变化。网络对法律的影响即为如此，网络改变了人的生活环境，也逐渐改变了人的行为方式，那么对人的行为方式评价的法律也因此改变了。

老师曾告诫我：“诸多部门法学中目前都有网络的成分，但这并不意味

* 袁纪辉，中国政法大学刑事司法学院网络法学 2017 级研究生。

着它们都是网络法学的部分，就像网络犯罪虽然犯罪场景在网上，但仍旧可以用物理世界的犯罪理论去解释，因为犯罪的规则体系并没有随着网络的出现而发生根本性改变。网络法学一定有它独有的东西存在，是其他部门法学所没有的，这一部分才是网络法学真正应该研究的东西。而电子证据的规则，尤其是它的司法证明规则，是随着网络出现的，不同于传统证据法和其他部门法学的新的规则……”老师的话不禁让我陷入沉思：司法证明在网络社会发生了何种变化呢？

一　司法证明的理念谱系

（一）司法证明的概念

司法证明是法官或陪审员意见的确信或说服，它通过展示证据、宣称事实的真实性来实现。[①] 在表现形式上，主要为提出事实主张的当事人、律师、检察官等用证据向法官说明或表明案件事实存在与否的活动。[②] 司法证明的目的是使裁判者对事实有认知，其形式为外界力量通过法庭规范的手段帮助裁判者对事实进行认知，外界力量主要指律师等法庭参与人员，法庭规范的手段指展示证据、宣称事实的真实性以及进行说服性操作。

司法证明的目的是发现案件事实，但这种案件事实并非“客观事实”，而为“法庭事实”。“法庭事实”是指“诉讼中所能呈现的并最终为法院所认定事实，乃是经过证据法、程序法和实体法调整过的、重塑了的新事实”。[③] 法庭事实的来源并非“客观事实”，而是人主观上对“客观事实”认知、理解、诠释的“主观事实”。这种“法庭事实”仅是“客观事实”的影像，也是仅具有诉讼意义的真实。[④]

① 参见魏斌《司法证明的逻辑研究》，中国政法大学出版社，2017，第44页。
② 参见魏斌《司法证明的逻辑研究》，中国政法大学出版社，2017，第46页。
③ 栗峥：《司法证明的逻辑》，中国人民公安大学出版社，2012，第63页。
④ 参见栗峥《司法证明的逻辑》，中国人民公安大学出版社，2012，第63页。

为何司法证明追求的不是客观事实呢？边沁指出，程序法的直接目的是裁决的正确性，为了正确性，良好的法律必须得以正确适用于真正的事实，这就对法律与事实提出了要求：法律裁决所依据事实应当是真相。[①]“裁决依据的事实”是司法证明的产物，真相是司法证明的目标，“裁决依据的事实”建立在对证据的人为判断之上，而证据收集的局限性和人为判断的盖然性决定着“裁决依据的事实”和真相永远存在间隙。

法对真相的寻求，不等于自然科学对真相的寻找，法律语境下的真相服从于法律的目的，法的目的在于为纠纷提出解决方案，这意味着即使真相依赖于人们局限的日常生活经验所做的盖然性自然判断，但它的说服力足够形成一种双方都认同的解决方案，那么司法证明即是有效的。

（二）司法证明的定位

人类科学的发展方向分成三种：对自身进行认知、对外物进行认知以及对自身与外物的关系进行认知。由此分为人文科学、自然科学以及社会科学，并根据其独有的认知特征探索出其不同的研究范式，对人类的发展发挥着不同的作用。在认知之外，随着人类社会实践的发展，对实践活动的规律总结称之为实践科学。而法学主流有三种定位，一种是实践科学（Practical Discipline），另一种是人文科学（Humanities），还有一种是社会科学（Social Science）。[②] 除此之外，法学也有“社会物理学”之说的自然科学定位。

本文对司法证明的定位是一种实践科学，本文认为司法证明的目的服从于卢埃林（Liewellyn）的现实主义，认为法庭不同于科学实验，不需要证明完整的事实，只需要解决存在的争议点，证据是用来化解争议点的，并

---

① 参见栗峥《司法证明的逻辑》，中国人民公安大学出版社，2012，第6页。

② 英国、美国和欧洲其他国家对法学的定位不同。英国的法学最开始是实践学科，接着向人文学科靠拢，最后慢慢转向社会科学。美国的法学研究最开始与英国类似，后期受到人文学科和社会科学的影响，经过法律实证主义、法律现实主义、法社会学以及法经济学等革命趋势的催化，最终实现了向社会科学的转变。德国则在实践学科和人文学科之间摇摆，向社会科学转变的可能性较小。

非指向事实。[①] 本文同时认为司法证明的手段服从于伯格（Bergger）的知识社会学派，认为“据以证明事实的是社会现有的知识集合”。[②] 本文反对伦博特（Lempert）的新证据法学派，不认同“用标准的数学与概率逻辑公式对证据予以量化，通过公式演算获得事实盖然性的准确数据”的路径。本文认为司法证明的价值取向是心理认同，即司法的目标是解决纠纷，解决纠纷的方式是结果满足“举世共识”，至于事实本身究竟如何、是否符合康德绝对理念的公平正义不是实践科学所关注的目标。

相较于“崇尚精密验证”的科学主义的司法证明路径，本文更倾向于“崇尚诠释说服”的人文主义，认为司法证明是“说服目的”指向的实践主义，不应当也不能承担“寻求公正”的任务。相较于“引入其他学科的视角力图从旁观者重新审视司法证明科学问题”[③] 的交叉学科方法，本文更倾向于“单一学术目的为动力”的独立学科的研究方法，认为人类纠纷的解决应当充分考量边际成本，“多学科”研究方法更易“混淆视听”，使得“复杂化地解决问题”，逆帕累托最优趋势，违背了本文的“实践主义”目的。

从这个定位出发，在社会结构发生剧烈变革时，社会心理也变得复杂，举世共识更不易获得，以至于规则本身愈发复杂。同时，回归到当下网络时代背景下，社会内容变得愈发精巧，个性化与集成化两大进程齐头并进，以至于对集成化的社会基础设施的微小破坏，就可在社会个性化发展的层面掀起滔天巨浪，而这种因果联系需要从极其广阔的领域进行说明，这种复杂的效应传导机制也对司法证明提出挑战。

---

① 参见〔美〕卡尔·N. 卢埃林著《普通法传统》，陈绪刚、史大晓、仝宗锦译，中国政法大学出版社，2002，第153页。

② 栗峥：《司法证明的逻辑》，中国人民公安大学出版社，2012，第26页。

③ 栗峥：《司法证明的逻辑》，中国人民公安大学出版社，2012，第43页。多学科研究方法指对司法证明的研究超越法学的研究范畴，从哲学、社会学、数学、文学、经济学、心理学的角度来描绘、解释、理解、批判证据问题。

二　网络环境下司法证明难度的分析

（一）司法证明基础依据的困境分析

1. 案卷实录

网络环境下的司法证明在证明基础上存在较之传统场景更复杂的新问题，即证据材料的完整性、真实性和合法性方面的新问题。案卷示例如下：

原告是影视作品《三生三世十里桃花》（以下简称《三生》）在中国大陆的独占性信息网络传播权的权利人，并享有对侵权行为依法维权的权利。原告发现，在电视剧《三生》热播期间，被告通过其所有并运营的“某某影院”移动应用程序（安卓系统手机客户端以及 iPhone 客户端）向不特定的网络用户提供电视剧《三生》的资源下载、搜索链接以及播放服务，严重侵犯原告合法权益。因此，请求法院：(1) 判令被告立即停止通过其经营的“某某影院”移动应用程序（安卓系统手机客户端以及 iPhone 客户端）提供影视作品《三生》的下载和在线播放行为；(2) 判令被告赔偿原告经济损失及合理开支 200 万元；(3) 判令被告承担本案全部诉讼费用。

紧接着，被告发表了答辩意见。被告辩称，原告并非本案的适格原告；原告提供的证据，尤其是电子证据在真实性和合法性上存在严重问题，被告并未实施原告所指控的侵权行为，原告用于证明被告实施侵权行为所出示证据的真实性存在十分严重的漏洞。综上，申请驳回原告的诉讼请求。

随后，审判长对本案争议焦点进行了归纳：第一，原告是否属于本案的适格原告；第二，原告采取的取证方式所固定的被动侵权事实是否真实存在；第三，原告指控被告实施信息网络传播侵权行为能否成立，若成立，原告在本案中主张被告赔偿经济损失和合理开支 200 万元有无法律依据和事实依据。

2. 司法证明分析

在实时通信工具出现之后，在高速的信息化驱动下，企业可以在全球范围内配置资源。产业链开始分裂和分化，产业链长度开始增加，一个产业链的功能也开始增多。以苹果手机制造为例，一个小小的手机便拥有上万种配件，数千条生产线，对于用户来讲，洞悉其手机零件的来源构造已经是一项浩大的工程。一个产品在追求高性能和低成本的过程中，其生产过程不断分化，这种产业分裂分化的变化，不仅体现在实体产品中，更延伸到软件服务中。

以案例中“某某影院”为例，用户在享受影音服务这一个产业服务时，需要“手机+操作系统+影音 App+影视作品”这一系列产业进行协同配合，而每个产业又分化成诸多环节，导致在案件中对整个流程进行司法证明时，需要依托每一个产业结构产生的信息对整个流程进行还原，同时还需要对每个产业结构中的信息进行鉴真，在鉴真的基础上还要对信息交互的方式进行说明，这意味着这场司法证明是一场工作量极重，成本极高的工程。

3. 司法证明规则分析

在事件进行时进行信息记录属于“记录”机制，采用记录的信息去发现事实属于“发现”机制，采用采集的信息去证明事实属于“证明”机制。但记录的信息，包括自然物理机制的留痕以及人类活动的记录，并不等于采集的信息，因为手段、技术及人本身认识的局限性，采集过程永远是接近记录过程的进程。

在这项案例中，社会活动的组成部分更加丰富，使得所形成信息链的“链条冗长”，组成环节变得分化发达，导致所形成证据链“节点多”，同时“信息”的全方位和全流程记录也使得信息体量极大，导致证据链“链条粗且杂质多”，因此产生了极高的鉴真成本。

在本案例中，采用了电子存证这样一种手段，其用视频的连贯性代替证据链整合的工作，克服了“链条冗长”以及“节点多”的部分问题。同时用视频的全景直观性方式将“链条粗且杂质多”的逻辑梳理和排除“杂质”的部分工作从“提供证据方”转移到“审查证据方”，利用裁判者对案件过程的自主思维整合来代替证据提供者庭下证明逻辑梳理的大量工作，电子存证方式可以部分解决因基础数据所引起的司法证明困难问题。

（二）司法证明证据推理的困境分析

1. 案卷实录

在网络环境下的司法证明理念上可能存在传统场景中未遇到的新问题。示例如下：

某甲公司生产手机清理加速软件 A，其核心员工王某离职前带走软件 A 核心代码 1000 余行，并另行设立公司乙研发类似样式手机加速软件 B，并将 A 软件 1000 余行代码置于拥有 100000 行代码的软件 B 中。B 投放市场后，三个月内依赖双边市场的公告收益获利 400 余万元。A 公司获知后，遂以侵犯商业秘密罪①向公安机关报案，公安机关遂立案侦查，证据确凿后移交检察院进行起诉。

在法庭质证环节，王某律师刘某辩称：B 软件所含件 1000 余行代码虽与 A 软件 1000 余行代码实质性相似，但只占据 B 软件 100000 行代码的 1%，存在纯属巧合或者通用固定编码模式的可能性，因此在获取权利人的商业秘密的手段存有合理怀疑。且甲公司也不能证明此 1000 行代码对 B 软件的权重及作用大小，因此在认定 B 软件抄袭了 A 软件时，在非法披露、使用或者允许他人使用商业秘密时存在合理怀疑。且甲公司不能证明其受到重大损失，因此在造成后果上亦存在合理怀疑。

① 根据《中华人民共和国刑法》第 219 条规定，侵犯商业秘密罪，是指以盗窃、利诱、威胁或者其他不正当手段获取权利人的商业秘密，或者非法披露、使用或者允许他人使用其所掌握的或获取的商业秘密，给商业秘密的权利人造成了重大损失的行为。

2. 司法证明分析

本案例是在判断某固定的1000行代码对整个拥有10万行代码的软件的作用，但这个作用不能用数量关系来衡量，因为代码的作用不是在代码中均匀分布的。因此通过司法鉴定来对代码进行抄袭比例鉴定解决不了案件中的争议点，可能这1000行代码属于赘余代码，在软件中毫无用处，也可能这1000行代码全部属于核心代码，占据了整个软件80%的价值。因此整个事实判断关系就转移到对该类代码的作用该如何计量的分析上。而这类分析就如同衡量“某句诗在整首诗中的价值”一样，是一个“千人千面”的心理分析，而且因衡量的价值取向、计算标准、计算方式等差别永不可能是一个“众人叹服”的方案，而诉讼双方的争论也会永远地持续下去。

“司法证明科学是与普通的自然科学有所差异的，它缺少一套完整的符号表达体系，而是以日常生活中的语言文字为载体来传递该学科内部的信息。”[①] 这个道理在本案例中体现得淋漓尽致，源于司法证明中的很多问题难以量化或者难以从司法公正的角度去量化，以至于难以解决纠纷，长此以往可能会使得司法证明陷入无价值论的窘境。

3. 司法证明规则分析

本案例是在对产业结构信息进行鉴真完成后的基础上进行的，鉴真工作是为了解决“链条冗长”“节点多”以及“链条粗且杂质多”的特点，而在鉴真工作之后还面临“节点复杂”的问题，“节点复杂”是由于社会活动模式创新，难以将“社会事实”向“案件事实”靠拢，难以准确进行司法认定，同时“节点复杂”意味着将其“解开剖析”将耗费极高的成本，因此如何将此类节点进行正确的解读、寻求一种科学的解决方案是本阶段司法证明需要解决的问题。

① 栗峥：《司法证明的逻辑》，中国人民公安大学出版社，2012，第43页。

三　司法证明网络环境下的困境解释

（一）司法证明基础依据的分析

在鉴真的时候为何会出现证据链“链条冗长”“节点多”以及“链条粗且杂质多”的特点呢？一方面，采用科技手段获取的电子数据在更深、更广的程度上对人类行为进行测量记录，披露人类行为在未知领域的形态特征，其形成的“电子现场”更接近事实本身。但同时，这种科技记录手段的开发和数据存储手段的革新降低了记录的成本，使得记录数据的能力呈几何倍增长，因此带来了大量的鉴真数据，使得铺设在证据链上的数据繁多。另一方面，网络通信技术使得远距离协作成为可能，网络使得地理因素对社会分工的限制逐渐减弱，社会分工获得发展。人类智慧可以在客观上高度协作，集中在某一项产品中，高集成化的产品开始出现。例如“Windows”系统的研发人员人数过万，尽管大部分研发人员并不清楚“Windows”系统究竟是怎样进行运作的，但其仍能够在“Windows”系统上凝结自己的智慧成果，协作开发产品。

在横向上，网络上的一项活动可能受到众多基础活动的支持，如同“微信”上一个消息的发送可能需要“几十个基础进程”共同协作，而这几十个进程产生了大量的“基础数据”，这将导致在对该条数据鉴真时需要大量的基础数据鉴真工作，同时这大量的基础数据大部分将是与案件事实无关的数据，因此“链条粗且杂质多”，将其筛选出来将是费时费力的工作，极大增加了司法证明的成本。

在纵向上，网络的一项活动可能经历众多环节，依旧以“微信”上发送一个消息举例，一个消息在传输过程中，根据传输协议要对其“报头”进行层层封装，不仅要加上双方的“TCP/IP 地址”以及“MAC 地址”，还要在众多路由器和服务器中流转，使得整个流程要经历众多环节，因此在进行司法认定时将其进行逻辑还原是一件极其烦琐的工作，这导致了证据链“链条冗长”以及“节点多”的现状。

（二）司法证明证据推理的困境分析

社会变化在两个活动中循环往复进行：社会分工和社会重组。社会分工以社会活动的分裂和分化为标志，分裂是指社会活动的横向扩张，指一个环节需要众多基础环节来支持；分化是指社会活动的纵向扩张，社会活动的组成环节增多。社会重组则是社会活动环节的重新组合，或是传统活动的重组，如共享单车行业，或是传统活动与新技术的重组，如电子存证行业。社会重组带来社会活动模式的创新，反映在司法证明上，体现为“节点复杂”，难以将“社会事实”向“案件事实”靠拢，以致难以准确进行司法认定，将其“解开剖析”将耗费极高的成本。

如今社会活动中，记录越来越容易而进行证明越来越困难，这从来不是一个罕见的问题，大数据技术能够轻易地排除变量找到两个事物之间的联系规律。但若证明此两事物之间规律的传导机制，则是一项浩大的工程。为什么呢？人依据所处环境，形成自然配合，不必理清所有的缘由，便可依据社会表面的规律利用生产资料，获得生活资料，不必深究生产资料从何而来，也不必深究社会表面的规律怎样，便可进行协作、进行社会活动。不必再进行大规模的“认识自然、改造自然”活动，只需偏安一隅，进行经营，就可以为社会创造价值。

这是社会分工重组的福利吗？这种社会分工的福利使得社会关系纽带变得极其复杂，“蝴蝶效应”在这个过程中体现得非常明显。任何一种行为，都是由无数原因引起的，也引起了无数结果，有直接的，也有间接的，通常在司法评价中只谈及其主要结果、主要因素，只是一种简化的经济性的后果归责方式和说服方式，但这种传统的“以理服人、以情动人”的说服功能在网络环境下的司法证明中愈发减弱，寻求一种说服方案是当务之急。

自社会分工产生开始，个人的知识层次就开始从对知识深度的衡量变为向对知识广度的扩张，当个人无法触及某一领域膨胀的知识时，这一领域就成为此人的知识盲区。整个知识结构就出现了分化，越文明的社会中，个人所占据的知识量较之社会知识总量分量越小，在司法领域，纠纷高度精细化，面对精细化的纠纷时（例如知识产权），审判人员的知识层次达不到，培养审判人员的成本又太高。而且，目前律师行业都在追求成为专业化律师或专门化律师，因为行业高度分化，行业逐渐形成自己的话语体系，行业中的纠纷本身的特异性显著，“社会共识”对解决纠纷的作用越来越小。

虽然科学技术的迅猛发展，使越来越多的案件事实可以借助新兴的科技手段查明，而事实认定者，不论是职业法官还是陪审团，很难在短时间内精通所有的科学技术理论，因此在新技术、新方法不断涌现的今天，事实认定者应当得到科学说明方法的指导。

四 司法证明困境的解决方案

（一）基础依据困境的技术方案

在面对因网络通信和大数据技术导致的社会分工细化，所引起的证据链“证据冗长”的问题时，区块链技术是一个适宜的解决方案。“区块链技术是一种基于互联网的全新的分布式基础架构和计算范式，利用有序的链式数据结构存储数据，利用共识算法更新数据，利用密码学技术保障数据安全。”① 在解决证据链“链条冗长”“节点多”以及“链条粗且杂质多”的问题时，区块链可以保障数据的真实性、完整性和关联性。

区块链不是一种新技术，是技术上的新组合，其保证信息真实性的构造主要依赖三项技术组合。①数字加密技术，利用一种非对称、不可逆的数字加密手段将数据进行加密，只能正向验证，不能逆向回溯，保证了信息在静止状态下真实。②加密存储的链式设计，这种方式在信息与信息之间建立了关联关系，可以进行相互验证，保证了信息在静止状态下的整体性。③实时自检的分布式账本，其为会计术语，指是在多个站点、不同地

① 郑戈：《区块链和未来法治》，载《东方法学》2018 年第 3 期。

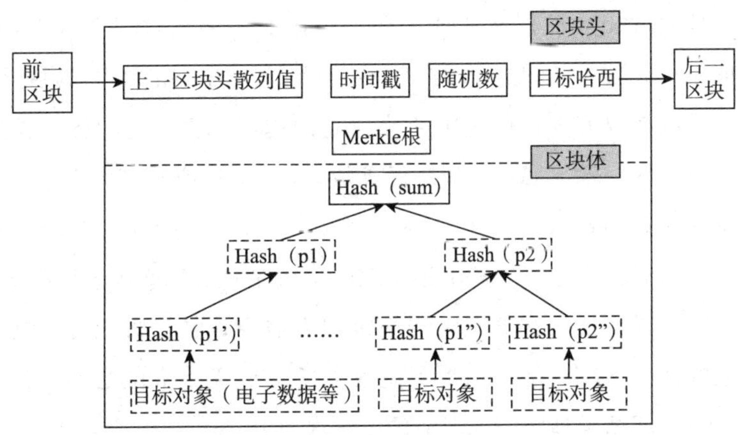

图 1　区块链式信息存储方案

理位置或者多个机构组成的网络里每隔一个时间段进行多点验证纠正，保证了信息在流转过程中仍能确保安全稳定。区块链技术能客观上提升司法证明的效率，使得司法证明的难度逐渐回归到传统物理世界场景的水平。

这三种功能组合在证据链问题解决上有如下作用。①使得证据链中的“链条冗长”问题具有“天然贯通性”，区块链的“链之形式”使得证据环环相扣，证据链“冗长而不复杂”。②在证据链“节点多”的问题上，“实时自检”的账本使得多个站点、不同地理位置或者多个机构组成的网络里每隔一个时间段进行多点验证纠正，保证了信息在流转过程中安全稳定。③在“链条粗且杂质多”的问题上，可以在设计记录算法时进行筛选分析，追求“质”而不是追求“量”，同时可进行可视化的演示以消融读取“冗余数据”的司法成本。

（二）证据推理的手段回归

1. 证据推理的实践定位

案件事实认定是司法证明的主要任务，证据推理是司法证明的主要手段，根据证据认定案件事实，即证据推理。[①] 证据推理是将证据命题集作为

① 参见魏斌《司法证明的逻辑研究》，中国政法大学出版社，2017，第 5 页。

前提，并且通过相关性标准从证据命题集向所主张案件事实移动的过程。在司法证明中，起诉方和应诉方基于各自证据为了各自的立场展开论辩，案件事实得以在双方理性的论辩交锋下越辩越明，这个过程促使案件事实得到最大限度的发现与展示并最终促成判决。“司法证明是作为论辩式论证（Dialectical Argumentation）的，它是一个起诉方和应诉方提出，支持论证支持其主张，提出反论证辩护其主张（攻击对方论证），试图说服审判方接受其主张的论辩式论证，在这一过程中审判方需要评估双方论证，判定是否符合相应的证明标准，是否满足了说服责任。”① 无论大陆法系还是英美法系的诉讼中，证据推理是心证形成的手段之一。

证据推理并不是一项严密的逻辑演绎，严密的逻辑演绎一定是要求“双重组织形式”的：封闭的底层的逻辑单位以及封闭的逻辑的演化路径。如同数学一样，底层的单元是固定的，组织的逻辑方式是固定的，那么推理的结果是确定的。所追求的案件事实并不是追求案件事实在客观世界的倒影，而是案件事实在人类心灵的倒影。人类心灵里对案件事实的倒影是在人类既有共识思想的基础上，用人类的现有的观察手段，对案件客观事实进行认知整理的产物。与客观事实有两个层次的不同：先见之见的偏见以及人类认知的局限。

其中马克思对于诠释学的“哥白尼式革命”阐释了先见之见的偏见：

他主张，文本期待解释者做出客观的解释，但任何解释者在解释文本之前已有先见之见，这种先见之见是有理解的历史性所造成的，是无法回避的。马克思的贡献在于为正确进入诠释学循环指明了道路，那就是意识形态批判。马克思认为，一定时期的意识形态构成该时期理解和解释活动的总背景，构成了理解者和解释者的先入之见的基础和源泉。当其对自己置于其中的意识形态缺乏深入反思和批判时，是不可能进入解释学循环的。

参见由田：《马克思伦理学的哥白尼式革命》，载《道德与文明》2018 年第 4 期。

① 魏斌：《司法证明的逻辑研究》，中国政法大学出版社，2017，第 5 页。

同样本文以另一案件解释人类认知的局限对于案件事实判断的影响：

假设某个杀人犯罪事实产生的全部信息为 A（A 为现场所有信息集合，即拥有 A 即可将犯罪情形还原出来），A 包括犯罪时的动作信息，那时的主观状态，遗留的生理信息等，A 的数学表达式为 A = {a1，a2，…b1，b2…c1，c2…}。犯罪后会产生信息，遗留下的脚印信息、身体被打击留下的伤痕信息，金箍棒上的血液信息、死者倒地动作信息都是犯罪后遗留下的信息，这里假设产生的信息为 B，B = {a1，a2…b1，b2…}。若犯罪被发现，犯罪产生的信息就会被采集，将可能涉及血液信息，指纹信息，凶器信息等，这里假设被采集的信息为 C，C = {a1，a2…}。

这里 B 是 A 的真子集，C 是 B 的真子集，这意味着在物理空间，总有些信息不可能被环境记录下来、产生形态，如人的主观状态；也总有些产生信息或已消亡，或未发现，被采集到，如蒸发的唾液、腐烂衣物上的指纹。对于 B－C 这部分的信息，即那些产生后未能采集的数据 b1、b2……可通过寻找发现手段、提高发现能力得以补偿。而对于 A－B 这部分的信息，需变革信息采集的方式予以反映。

本文的定位是将司法证明（同样对证据推理）归于实践科学，认为司法证明的价值取向是心理认同，即司法的目标是解决纠纷，解决纠纷的方式是结果满足“举世共识”，至于事实本身究竟如何、是否符合康德绝对理念的公平正义不是实践科学所关注的目标。

2. 诉讼可视化

什么是“诉讼可视化”呢？诉讼可视化原为天同律师事务所探索的一种诉讼技术，在其看来，法律工作的本质是信息的传递和处理，人类获取信息的主要方式是眼睛，对眼睛来讲，对全貌的理解，图形比文字更直观显著。这样的诉讼工作能更好地将难以理解的环节拆解开，更形象地还原案件事实，更利于阐明所表达的逻辑和观点，高效地向法官传递信息，更好地说服法官。

对于该部分进行说明是一项高成本的说服工作，有句俗语戏称“无图无真相”，说服义务转移是一种传播学的技巧，利用法庭说服技巧将案件事实认定的脑力活动进行转移。

在司法实践中，“说明活动转移”是证据推理中减少成本的重要手段，电子存证即采用了这样一种手段，其用视频的连贯性代替证据链整合的工作，克服了“链条冗长”以及“节点多”的部分问题。同时用视频的全景直观性方式将“链条粗且杂质多”的逻辑梳理和排除“杂质”的部分工作从“提供证据方”转移到“审查证据方”，利用裁判者对案件过程的自主思维整合来代替证据提供者庭下证明逻辑梳理的大量工作，电子存证方式可以部分解决因基础数据所引起的司法证明困难。

但同时电子存证行业存在诸多待讨论的空间，由于目前没有相关法律法规对电子存证平台资质进行审查，当事人应选择资信度更高的存证平台；对技术应采取开放和包容的态度，保证数据在提取、保存、传输三个环节中不存在任何篡改或者不安全的因素的情况下，无论用何种技术实现，均可对电子数据真实性进行认定；第三方电子存证平台采取技术手段所提供的电子数据应当作一个完整的技术说明，使法官在司法裁量中对电子数据的真实合法性做出合理客观的评价；由于第三方电子存证机构相较于公证处而言，中立性容易受到质疑，基于安全可靠的技术手段，取证设备的完整性以及取证步骤及操作标准也至关重要，因此原告举证责任完成，被告应该提供相反证据。

3. 结构—功能分析

在文章第二部分的案例一中原告方律师“先后出示了《授权书》、上海市杨浦公证处出具的《公证书》、中证司法鉴定中心出具的《司法鉴定意见书》、中证司法鉴定中心出具的《电子数据存证函》、北京市国信公证处出具的《公证书》两份、IP360 取证数据保全证书以及 PC 端录屏视频文件和取证环境录像视频文件刻录光盘，并结合证据材料说明主要证明事项，解读了电子存证的操作方式和技术原理”。这就是对说明性方法和理解性方法的综合运用，对现实的结构、组织、关系和制度进行因果分析和叙事性描述，将争议焦点分成专业领域和大众领域，将专业领域的问题交由专业领域进行背书，将技术结构组合展现的功能进行分析说明。功能性的分析说明通俗易懂，使得诉讼双方理清思绪，易达成共识解决纠纷。

4. 成本—效益分析

同样在第一个案例中，原告方在回复关于"电子存证工具存在造假的可能性时"，这样分析道：

> 本案只是民事案件，我们作为原告一方伪造证据的可能性不大。不太可能花了1000万，伪造了一个标的200万诉讼案件的证据。这样做的后果其实得不偿失，如果我们花了1000万做了这样一个案件出来，这样带来的风险不仅仅会给自己的法律责任造成极大的风险，同时会把所有的存证工具都拉下水，因为要伪造不仅仅是我们一家就能做到的，即便花了1000万，一旦这个事情被暴露出来，原告公司、第三方存证机构，以及给第三方存证机构背书的国家公立的存证机构，他们的名誉，他们的法律职责将是极其大的，这个责任我们任何一方都不可能承担，这种角度来讲，这种可能性理论上存在，现实当中作为理性人绝对不会做这样的事情。

这里运用了成本—效益分析，对于这样一个经济性的分析，每个理性人都可以理解，将一个伪证可能性的分析问题转化成一个经济分析的问题，能够轻易地得到"心理认同"。

这类法庭技巧在法律实践活动中也早已出现，天同律师事务所的"诉讼可视化"即是如此，在信息处理和传递过程中更多采用处理信息更快速的信息媒介，能够更好地提高信息处理效率，减少信息传递异化。在信息传递方面，图表要比文字更能说明事实，视频要比图表传递更多信息。在案件环节更烦琐，事实更复杂的案件中，在既定的案件处理时间内，如何能够让决策者更高效完成信息传递、处理信息内容是维持公平正义的关键。

五　结论

在对技术进行法律评价时需以人的行为为中介，技术改变的是人的行为方式，人的行为方式改变了，法律对行为方式的评价规则就改变了，如果现在在互联网领域发生了一个新型案件，却非要引用现有的法条去生搬硬套，就会发现怎么解释都是不恰当的。这就是法学思维方法上出现了问题。正确的思维方法应该是，先考虑这个新型网络案件中，网络技术是怎么影响人的行为，这种行为跟原来立法时所假定的行为模式是不是相同的？如果是，那么可以援引原来的法律规则；如果不是，恐怕就要考虑运用法律解释学进行能动性地解释，甚至有必要对现有法律条文进行颠覆性的改造。

本文的观点为：（1）网络技术加速了社会分工进程，使得社会活动组成环节众多，使得所形成的信息链“链条冗长”；（2）组成环节变得分化发达，导致所形成证据链“节点多”；（3）同时“信息”的全方位和全流程记录，也使得信息体量增大，导致证据链“链条粗且杂质多”，因此产生了极高的鉴真成本；（4）同时，社会活动的模式创新，使得在鉴真工作之后还面临“节点复杂”的问题，将其“解开剖析”将耗费极高的成本，增加了司法证明的难度；（5）区块链技术能客观上提升司法证明的效率，使得司法证明的难度逐渐回归到传统物理世界场景的水平；（6）在面对“节点复杂”之类司法证明理念上的困境时，运用“诉讼可视化”“结构—功能”说明和“成本—效益”分析等法庭表达技巧进行证据说服是司法证明的重要手段。

图书在版编目(CIP)数据

网络法学研究. 2018 年卷 : 总第 1 期 / 王立梅主编
. -- 北京 : 社会科学文献出版社, 2018.12
ISBN 978 - 7 - 5201 - 3877 - 2

Ⅰ. ①网… Ⅱ. ①王… Ⅲ. ①计算机网络 - 科学技术管理法规 - 研究 Ⅳ. ①D912.104

中国版本图书馆 CIP 数据核字(2018)第 251949 号

网络法学研究(2018 年卷 总第 1 期)

主　　编 / 王立梅

出 版 人 / 谢寿光
项目统筹 / 刘骁军
责任编辑 / 关晶焱　刘小云

出　　版 / 社会科学文献出版社 · 集刊分社 (010) 59367161
地址: 北京市北三环中路甲 29 号院华龙大厦　邮编: 100029
网址: www.ssap.com.cn
发　　行 / 市场营销中心 (010) 59367081　59367083
印　　装 / 三河市尚艺印装有限公司

规　　格 / 开 本: 787mm × 1092mm　1/16
印 张: 14.5　字 数: 207 千字
版　　次 / 2018 年 12 月第 1 版　2018 年 12 月第 1 次印刷
书　　号 / ISBN 978 - 7 - 5201 - 3877 - 2
定　　价 / 69.00 元

本书如有印装质量问题, 请与读者服务中心 (010 - 59367028) 联系